55 Monologe für Frauen

55 Monologe

Zum Vorsprechen, Studieren und Kennenlernen

Herausgegeben von Anke Roeder

Unter Mitarbeit von Josef Bairlein, Franziska Betz, Matthias Hoffmann, Luisa Lazarovici, Lena Mody und Hannah Schwegler

HENSCHEL

Bibliografische Information der Deutschen Nationalbibliothek
Die Deutsche Bibliothek verzeichnet diese Publikation in der Deutschen
Nationalbibliografie; detaillierte bibliografische Daten sind im Internet über
http://dnb.ddb.de abrufbar.

Die Verwertung der Texte und Bilder, auch auszugsweise, ist ohne
Zustimmung des Verlags urheberrechtswidrig und strafbar. Dies
gilt auch für Vervielfältigungen, Übersetzungen, Mikroverfilmungen
und für die Verarbeitung mit elektronischen Systemen.

ISBN 978-3-89487-557-2
© 2010, 2018 by Henschel Verlag
© 2021 by Henschel Verlag
in der E. A. Seemann Henschel GmbH & Co. KG

Die Schreibweise entspricht den Regeln der neuen Rechtschreibung.
Originaltexte und Übersetzungen sind in der überlieferten Schreibweise
beibehalten.

Lektorat: Christiane Landgrebe
Umschlaggestaltung: Grafikstudio Scheffler, Gisela Kirschberg
Titelbild: © ullstein – Kujath
Satz und Gestaltung: Grafikstudio Scheffler, Berlin
Printed in the EU

www.henschel-verlag.de

Inhalt

Vorwort 9

Antike
Aischylos · Die Orestie · **Kassandra** 16
Sophokles · Antigone · **Antigone** 18
Euripides · Alkestis · **Alkestis** 20

Shakespeare-Zeit
Shakespeare, William · König Richard III. · **Lady Anna** 22
Shakespeare, William · Romeo und Julia · **Amme der Julia** 25
Shakespeare, William · Macbeth · **Lady Macbeth** 27

Barock
Calderón de la Barca, Don Pedro · Das Leben ein Traum · **Rosaura** . . . 28
Corneille, Pierre · Rodogune · **Rodogune** 30
Racine, Jean · Phädra · **Phädra** 33
Molière, Jean-Baptiste · Die Schule der Frauen · **Agnès** 34

Ausgehendes 18. und 19. Jahrhundert
Lessing, Gotthold Ephraim · Miss Sara Sampson · **Marwood** 37
Lessing, Gotthold Ephraim · Emilia Galotti · **Gräfin Orsina** 38
Goethe, Johann Wolfgang von · Iphigenie auf Tauris · **Iphigenie** . . . 40
Goethe, Johann Wolfgang von · Faust. Der Tragödie erster
 Teil · **Gretchen** 42
Schiller, Friedrich · Kabale und Liebe · **Luise Millerin** 43
Schiller, Friedrich · Die Jungfrau von Orleans · **Johanna d'Arc** . . . 45
Kleist, Heinrich von · Der zerbrochne Krug · **Frau Marthe** 47
Kleist, Heinrich von · Penthesilea · **Penthesilea** 49
Hebbel, Friedrich · Die Nibelungen · **Kriemhild** 51
Raimund, Ferdinand · Der Alpenkönig und der
Menschenfeind · **Lischen** 53

Jahrhundertwende bis 1950

Rilke, Rainer Maria · Die weiße Fürstin · **Die weiße Fürstin** 54
Hofmannsthal, Hugo von · Der Tor und der Tod · **Das junge Mädchen** . . 56
Wedekind, Frank · Die Büchse der Pandora · **Gräfin Geschwitz** 58
Heym, Georg · Atalanta oder die Angst · **Atalanta** 59
Klabund · Der Kreidekreis · **Haitang** 61
Pirandello, Luigi · Heute abend wird aus dem Stegreif
                      gespielt · **Mommina** 62
Brecht, Bertolt · Die Dreigroschenoper · **Polly** 65

Ab 1950

Großbritannien

Beckett, Samuel · Glückliche Tage · **Winnie** 67
Kane, Sarah · 4.48 Psychose 69
Walsh, Enda · The New Electric Ballroom · **Clara** 70
Kelly, Dennis · Schutt · **Michelle** 72

Frankreich

Koltès, Bernard-Marie · Sallinger · **Anna** 74
Durringer, Xavier · Ganze Tage – ganze Nächte · **Sylvie** 77
Lagarce, Jean-Luc · Ich war in meinem Haus und wartete, dass
                der Regen kommt · **Die Ältere** 78

Nordamerika

Williams, Tennessee · Endstation Sehnsucht · **Blanche** 80
Walker, George F. · Suburban Motel · **Denise** 81

Skandinavien

Fosse, Jon · Lila / Purple · **Das Mädchen** 83

Russland

Sorokin, Vladimir · Hochzeitsreise · **Maša Rubinstein** 86

Deutschsprachiger Raum

Bernhard, Thomas · Ein Fest für Boris · **Die Gute** 87
Handke, Peter · Untertagblues · **Eine wilde Frau** 88
Strauß, Botho · Die eine und die andere · **Elaine** 91
Jelinek, E. / Bachmann, I. · Malina · **Die Frau** 93
Jelinek, Elfriede · Der Tod und das Mädchen IV (Jackie) · **Jackie** . . . 94
Jelinek, Elfriede · Bambiland 96

Winter, Mona · Ich, eine von dir · **Luluise / Marie** 98
Schwab, Werner · Die Präsidentinnen · **Mariedl** 100
Pollesch, René · www-slums · **Caroline/Ostern Weihnachten** 102
Bauersima, I. / Desvignes, R. · Boulevard Sevastopol · **Anna** 103
Ostermaier, Albert · Es ist Zeit. Abriss · **Dor** 105
Schimmelpfennig, Roland · Vorher/Nachher · **Die rothaarige Frau** 108
Walser, Theresia · King Kongs Töchter · **Meggie** 110
Danckwart, Gesine · Girlsnightout · **Mädchen** 111
Händl Klaus · Ich ersehne die Alpen · **Olivia** 113
Richter, Falk · Electronic City · **Joy** 114
Zeller, Felicia · Bier für Frauen · **Eine Frau** 115
Bärfuss, Lukas · Der Bus (Das Zeug einer Heiligen) · **Erika** 117
Röggla, Kathrin · draußen tobt die dunkelziffer 118
Mayenburg, Marius von · Das kalte Kind · **Lena** 120
Hilling, Anja · Mein junges idiotisches Herz · **Frau Schlüter** 121
Focke, Ann-Christin · Himmel sehen · **Anna** 124

Weitere Rollenvorschläge 126
Quellenverzeichnis 131
Inhaltsverzeichnis nach Autoren 135
Über die Herausgeberin 138

Vorwort

Zum Monolog

Der Monolog ist eine Erfindung neuzeitlichen Denkens. Wenn wir wie der französische Philosoph Michel Foucault die Neuzeit mit dem Anfang des 17. Jahrhunderts, dem Barock, beginnen lassen, mit dem Theater der Illusion, des *trompe-l'œil*, der »Träume und Visionen«[1], dann tritt die Welt als Schein hervor, wie sie sich bereits in Calderóns Drama *Das Leben ein Traum* entfaltet, als ein Geflecht von Sein und Schein, in vielfacher Form miteinander verwoben. Dazu bedarf es eines Autors, der die Dinge benennt, neu zusammensetzt und neu schöpft. Auf dieser Bühne treten dann einzeln Handelnde und Sprechende auf, die im Dialog miteinander in Beziehung treten, sich bekämpfen oder lieben. Im Extremfall grenzen sie sich im Monolog vom anderen ab und zeigen ihr Innerstes als verborgene Gedankenwelt, die der Außenwelt entgegengesetzt ist, sie reflektiert, kritisiert oder sie als Vision imaginiert. Voraussetzung hierfür ist ein Begriff des Subjekts, das als Einzelperson sprechend, handelnd, schöpfend hervortritt. Welt wird gesehen als eine vom Subjekt gestaltete, eine zu verändernde, nicht von Gott vorgegebene Ordnung, in die sich der Mensch einfügen muss. So verändern sich im Laufe der Geschichte des Dramas Inhalte und Formen, die Ausdruck dieser Vielgestaltigkeit sind.

Im strengen Sinn gibt es den Monolog als isoliertes Sprechen im antiken Drama nicht, obgleich das vorliegende Buch mit drei großen Werken der antiken Tragödiendichter beginnt. Wenn Antigone, zum Tod bei lebendigem Leibe verurteilt, ihren Weg in die Grabkammer antritt, singt sie einen ergreifenden Klagesang, in dem sie ihre Einsamkeit, ihre Jungfräulichkeit, ihr unbeweintes Dasein beschwört. Doch ihr letzter Weg wird begleitet von den Bürgern der Stadt Theben. Der Chor der Stadt umringt sie. Sie ist mit sich, aber nicht f ü r sich. Was der Forscher Peter von Matt allgemein über den Monolog innerhalb der literarischen Gattung des Dramas sagt, gilt konkret für die antike Tragödie: »Hier und jetzt tritt dem Helden seine Gesellschaft als Totum gegenüber, mit einem antwortenden Gesicht.«[2] Dies geschieht im Wechselgesang, im Kommos, zwischen der Protagonistin und dem Chor. Kassandras Klagesang hingegen ist schon fast eine Monodie. Die Bürger von Mykene sind anwesend, aber verstehen sie nicht, wenn sie von ihren Visionen spricht, in denen sie den Mord an Agamemnon und ihren eigenen Tod vorhersieht. Sie ist mit einer Sehergabe geschlagen, der niemand Glauben schenkt. So ist diese antike Protagonistin schon fast eine Vorläuferin einer ausgegrenzten modernen Gestalt.

Das gilt ganz besonders für die *Phädra* von Jean Racine, die letzte Tragödie des französischen Dichters, von 1677, deren gleichnamige Protagonistin im Unterschied zum Drama des Euripides keinen Chor um sich hat, keine Gesellschaft, nur eine Vertraute. Aber gerade diese – als Verkörperung der Öffentlichkeit – wird ihr zum Verhängnis, indem ihr Monolog *gehört* wird. Indem sie spricht, gibt sie sich indirekt den Tod. »Hier wird das Wesen des Sprechens selbst auf die Bühne gebracht«, schreibt der französische Philosoph Roland Barthes. »Phädra ist ihr Schweigen selbst: dieses Schweigen brechen, heißt sterben.«[3] »Sprechen heißt, das Leben verlieren«, fährt er fort, denn das Sprechen ist »schrecklich«, weil das Wort »mächtig« ist. Es ist »unwiderruflich«.[4] So ist gerade hier der Monolog in seiner Paradoxie als Not lösender Ausdruck inneren Schmerzes und geheimer Veröffentlichung tabuisierter Gefühle Inbegriff der Tragödie selbst, einer Tragödie des Ichs. In diesem Sinne ist Racines Drama Signum der Moderne.

In der Hochrenaissance, in Shakespeares Dramen, richten sich die meisten Monologe an ein Gegenüber, imaginär wie in Lady Macbeth' Mordplan oder konkret wie in Annas Zornesausbruch gegen Gloucester/Richard III. Diese Monologe zeugen sowohl von inneren Gefühlen wie Rache, Hass, Liebe, Größenwahn, Leidenschaft, Begehren als auch von unmittelbaren Auseinandersetzungen mit der Außenwelt, so dass, wie Peter von Matt richtig schreibt, der Monolog seit Shakespeare durch die Dialektik von »sichtbarer und imaginärer Gegenwart« bestimmt ist. »In ihm wird das gesellschaftliche Ganze, innerhalb dessen die Handlung sich abspielt, *als ein Ganzes* gegenwärtig.«[5]

Das gilt in besonderem Maße für das deutschsprachige Drama des 18. Jahrhunderts, in dem Shakespeares Dramen begeistert aufgenommen wurden. Nicht nur, weil die langen emotionalen, leidenschaftlichen Ausbrüche an ein gehasstes oder gefürchtetes Gegenüber gerichtet sind wie Orsina in ihrem Aufruhr gegen den Höfling Marinelli in Lessings *Emilia Galotti* oder Luise in ihrer unabdingbaren stolzen Rede, mit der sie eine Lady Milford zurückweist, in Schillers Drama *Kabale und Liebe*.

Das gilt ganz besonders, wenn eine Gestalt allein ist wie Iphigenie im Exil in Goethes gleichnamigem Versdrama. Wenn die Priesterin aus dem Heiligtum der Göttin Diana in den Schatten tritt, um ihrer Einsamkeit im Dunklen des »dichtbelaubten Hain[s]« Ausdruck zu geben, dann erkennen wir sowohl die Düsternis ihrer Seele, ihre Furcht, ihre Sehnsucht, als das wir auch das große Land der Griechen sehen, seine Götter, den trojanischen Feldzug der Helden, die Geschwister Elektra und Orest, nach denen Iphigenie sich sehnt. In dem einsamsten Moment zeigen sich kontrastiv die Gegensätze eines dunklen Skythenlands und sonnigen Hellas als einer Seelen- und Weltenlandschaft. Welt scheint auf und wird Gegenwart im Monolog.

Das ändert sich signifikant in der Jahrhundertwende vom 19. zum 20. Jahrhundert, einer Schnittstelle, an der das Ich aus einem festgefügten Ganzen tritt und mit Schimären, erträumten Gestalten, spricht, einer unerwiderten Liebe Ausdruck verleiht wie in Rilkes Drama *Die weiße Fürstin*, das bis heute an keiner großen Bühne aufgeführt ist, oder wie in Hugo von Hofmannsthals *Der Tod und das Mädchen*, in dem – auf der Folie des mittelalterlichen Totentanzes – das Mädchen als Tote erscheint und ihre zu Ende gegangene Liebe beklagt, da sie nicht einmal mehr dem Freund einen Brief des Abschieds schreiben konnte. In diesem Dramolett rührt Hofmannsthal an die Grenze eines Ichs, das sich nicht mehr auszusprechen vermag, seine Gefühle nicht äußern kann, so wie wenige Jahre später, 1902, der *Brief des Lord Chandos* das Verstummen des Schreibenden benennt, der sich der Worte »verschworen« hat, nicht mehr vermochte, zusammenhängend zu denken oder zu sprechen, dem »alles in Teile, die Teile wieder in Teile«[6] zerfiel. Hier scheint die Sprache an ein Ende gekommen zu sein, und damit löst sich die geschlossene Form des dramatischen Monologs auf, der auch einen Schutzraum darstellt, in dem das Ich sein Innerstes öffnet, um seine Gedanken in die »Phantasiekammern der Zuschauer«[7] fließen zu lassen.

Ein halbes Jahrhundert später, 1961, führt Beckett den Monolog ad absurdum, indem er in *Glückliche Tage* eine Winnie in einem Erdhügel zeigt, die scheinbar vergnüglich vor sich hin plappert, mit Lippenstift, Spiegel und Sonnenschirm in den Himmel spricht und immer tiefer in den Erdhügel rutscht. Und wieder 10 Jahre später, 1972, lässt Beckett ein Ich sprechen, das ein *Nicht ich* ist, in dem nur noch der Mund sich bewegt, losgelöst von einem sichtbaren Körper. Die Sprechrolle heißt *Mund*.[8]

Das einheitliche Ich splittert sich auf, die Stimme hat keinen zugehörigen Körper mehr, die Sätze sind fragmentiert, die Worte gehören keiner identifizierbaren Person mehr an, die ein Gesicht hat und Welt handelnd sprechend bewegt. Diese Zerlösung des Ichs in der Gegenwart spiegelt sich besonders in dem letzten Text der jungen englischen Dramatikerin Sarah Kane *Psychose 4.48*, dessen zerrissene Worte und Sätze ein seinsverletztes Ich als Spur hinterlassen.

Zum weiblichen Sprechen

Dieses Buch umfasst Monologe und Rollenvorschläge für Frauen. In vielen Interviews und Gesprächen aber sagt Elfriede Jelinek, dass das Sprechen für die Frau tabuisiert sei und einer Überschreitung gleichkäme: »Wie ja auch die Bachmann in ihrem Roman *Malina*[9] literarisch modellhaft ausführt, muss die Frau, will sie sprechen, ein männliches Ich ausbilden. Das weibliche Sprechen ist, will man es psychoanalytisch ausdrücken, eine phallische Anmaßung, etwas, das für sie eben nicht vorgesehen ist.«[10] Diese Überschreitung haben männliche Autoren seit je in der abendländischen Literatur- und besonders Dramengeschichte vollzogen. Sie haben aus ihrer Sicht Frauengestalten entworfen: groß, mutig, anklagend, heldenhaft oder hingebungsvoll. Ihre Rollen – von der Antike bis zum Ausgang des 19. Jahrhunderts – sind Widerständige, Verlassene, Rächerinnen, Kämpferinnen, Kriegerinnen wie Penthesilea oder Kriemhild, oder es sind Opferfiguren wie Gretchen, Kindfrauen, die in ihrer Doppelung des Männlich-Weiblichen faszinieren wie die *Jungfrau von Orleans* als Hirtenmädchen und Schlachtenheilige. Doch nicht zu übersehen ist, dass diese Frauengestalten Phantasmen männlicher Imagination sind. Zu einem eigenen Sprechen kommt es erst seit Beginn des 20. Jahrhunderts. Die ersten Dramatikerinnen wie Else Lasker-Schüler oder Marieluise Fleißer treten hervor, entwickeln im Unterschied zu ihren männlichen Vorgängern eine offene Dramaturgie, und seit der Jahrhundertwende vom 20. zum 21. Jahrhundert treten sie mehr und mehr in das öffentliche Bewusstsein.[11] Zu ihnen gehört als Prominenteste Elfriede Jelinek. Dazu schreibt sie: »Begeht eine Frau einmal diese Überschreitung, muss sie wiederum ein weibliches Ich herauskehren, will sie auf dem Markt der Körper konkurrieren, um einem Mann zu gefallen. Sie muss sich also immer nach dem Anderen richten, während der Mann stets, im Sprechen wie auch sexuell, er selber bleiben kann und darf.«[12] Diese Aussage bezieht sich auf ihr Theaterstück *Begierde & Fahrerlaubnis*, in dem eine ältere Frau einen jüngeren Mann begehrt.

Erweitern lässt sich diese Aussage gewiss, denken wir nur an Gesine Danckwarts erstes bekanntes Stück *Girlsnightout*. Ein Vorteil aber dieses bisher verborgenen, verdrängten Daseins ist der »doppelte Blick«, wie Gisela von Wysocki es formuliert, mit dem die Frau in den Kopf eines Mannes gucken kann, ihre »Chance ist die, aus der weiblichen Ich-Geschichte Feuer zu schlagen«.[13] Diese Chance nehmen zunehmend Autorinnen wahr, die sich mit ihren männlichen Kollegen in einen spannungsreichen Diskurs begeben.

Ein Blick auf die Gegenwart

Wenn in neuen Texten der Gegenwartsdramatik eine klar sich aufbauende dramaturgische Struktur nicht zu erkennen ist, ein spannungsreich verlaufendes Handlungsgeschehen sich auflöst, Sätze und Worte nicht mehr von eindeutig identifizierbaren dramatis personae gesprochen werden und an die Stelle der bisher gültigen dramatischen Formen des Dialogs und Monologs verschlungene Sprachflächen treten – wie in vielen Theatertexten von Elfriede Jelinek oder Kathrin Röggla –, dann sind diese ästhetischen Formen Ausdruck einer »neuen Unübersichtlichkeit«, einer Globalisierung, die sich deutlich in René Polleschs seriellen Textfrequenzen zeigt. Leben, Zusammengehörigkeit, Solidarität unterliegen der Vermarktung, und tradierte humanistische Werte wie Subjektivität, personale Beziehungen zwischen einem Ich und einem Du sind abhanden gekommen oder »im Museum« zu besichtigen.[14] Die neuen ästhetischen Formen sind Ausdruck einer Zeit, die die Moderne mit ihrem Glauben an ein autonomes, handlungsmächtiges Subjekt hinter sich gelassen hat. Davon zeugen auch die vielen intermedialen Einblendungen im Theater eines René Pollesch, Igor Bauersima oder Falk Richter, die die Geschichten real und virtuell zugleich erzählen, in denen die Autoren oft gleichzeitig ihre Regisseure sind. Dass es trotz der Postmoderne neue Dramen gibt, die wieder Geschichten erzählen, mag eine Sehnsucht nach einer neuen Subjektivität sein, die aber vielfach gebrochen wird durch Szenenschnitte, in denen eine Person in einem *Vorher/Nachher* erscheint und kaum wiederzuerkennen ist wie bei Roland Schimmelpfennig. Oder es sind rätselhafte Geschichten, die von abgründig verschlungenen Poetiken durchzogen sind wie in den Stücken eines Lukas Bärfuss oder Händl Klaus, dessen neuer Dramentitel geradezu Programm sein könnte: *Dunkel lockende Welt*. Alle ausgewählten Texte jedenfalls sollen locken zum Deuten, Imaginieren, Darstellen und Spielen.

Dass diese Anthologie einen starken Akzent auf die Gegenwart setzt, hängt mit einer jungen Generation von Mitarbeitern und Mitarbeiterinnen zusammen, denen ich danke für ihre konstruktiven Vorschläge. Sie studieren alle Philosophie, Literatur, Kunst-, Theaterwissenschaft und Dramaturgie mit dem Abschluss eines Diploms oder Magisters an der Universität München und Bayerischen Theaterakademie. Sie haben in lebhaften Diskursen – aufbauend auf einer fundierten Kenntnis der zweieinhalbtausendjährigen europäischen Dramen- und Theatergeschichte – Ideen zu einem nuanciert gegenwartsorientierten Theater entwickelt, das Ausdruck ihrer eigenen Zeit ist. Sie sind so jung wie die jungen Schauspielstudentinnen, für die die Rollentexte und Vorschläge hauptsächlich gedacht sind. Das ist ein Wagnis für alle, und wir sagen: toi toi toi.

Anke Roeder

---

1 Michel Foucault: Die Ordnung der Dinge. Eine Archäologie der Humanwissenschaft. Frankfurt am Main: Suhrkamp 1974, S. 83 (stw 96)
2 Peter von Matt: Der Monolog. In: Werner Keller (Hrsg.): Beiträge zur Poetik des Dramas. Darmstadt: Wissenschaftliche Buchgesellschaft, S. 71–90; S. 80
3 Roland Barthes: Phädra. In: Jean Racine: Phädra. Programmbuch der Schaubühne Berlin zur Inszenierung von Peter Stein am 25. Oktober 1987, S. 101–106; S. 101
4 Ebd. S. 103
5 Peter von Matt, a.a.O., S. 81
6 Hugo von Hofmannsthal: Ein Brief. In: Ders.: Gesammelte Werke in zehn Einzelbänden. Erzählungen Erfundene Gespräche und Briefe Reisen. Herausgegeben von Bernd Schoeller in Beratung mit Rudolf Hirsch. Frankfurt am Main: Fischer 1979, S. 461–477; S. 466
7 Peter von Matt, a.a.O., S. 81
8 Siehe: Rollenvorschläge
9 Elfriede Jelinek hat den Roman *Malina* zu einem Filmbuch umgestaltet. Eine Szene davon ist als Monolog in diesem Buch aufgeführt.
10 Überschreitungen. Ein Gespräch mit Elfriede Jelinek. In: Programmbuch zu *projekt jelinek*. Premiere 11.7.1996 Bayerisches Staatsschauspiel / Marstall. Das Gespräch führte Anke Roeder.
11 Vgl. Autorinnen: Herausforderungen an das Theater. Herausgegeben und eingeleitet von Anke Roeder. Frankfurt am Main: Suhrkamp 1989 (st 1673)
12 Elfriede Jelinek, Überschreitungen, a.a.O.
13 Autorinnen, a.a.O., S. 135
14 Vgl. René Pollesch: Schändet eure neoliberalen Biographien! Spielfassung der Münchner Kammerspiele 20.10.05

55 Monologe für Frauen

Aischylos (525/4 – 456 v. Chr.)
Die Orestie
Uraufführung: 458 v. Chr.

1   Kassandra

Szene: 1. Teil der Trilogie: Agamemnon
Ort: Vor dem Königspalast in Mykene

Die Orestie des Aischylos, des Ältesten der drei berühmten Tragiker der griechischen Antike, ist die einzige, vollständig erhaltene Trilogie. Sie erzählt die Geschehnisse des trojanischen Krieges und seine ungeheuren Wirkungen im Wechselgesang zwischen dem Chor und den Protagonisten. *Die Orestie* umfasst drei Teile: 1. *Agamemnon*, 2. *Choephoren* (Weihgussträgerinnen) und 3. *Eumeniden* (Segensgöttinnen). Das abschließende Satyrspiel *Prometheus* ist nicht überliefert.

Im ersten Teil kehrt Agamemnon, der Herrscher von Mykene, nach zehn Jahren Krieg gegen Troja in sein Königreich zurück. Um die Fahrt mit der griechischen Flotte über das Meer nach Kleinasien antreten zu können, hatte die Göttin Artemis Windstille eintreten lassen und das Opfer seiner Tochter Iphigenie verlangt. Seine Frau Klytaimnestra, die während seiner Abwesenheit das Land regiert und Aigisthos geheiratet hat, empfängt den Gemahl und tötet ihn gemeinsam mit Aigisthos. Ihr Zorn über die Opferung der Tochter ist unversöhnt.

Kassandra, die trojanische Seherin, die Agamemnon als Sklavin nach Griechenland mitgeführt hat, visioniert, wie der Mord an Agamemnon sich hinter den Mauern des Palastes vollzieht, in dem Klytaimnestra dem Gatten ein Netz im Bade überwirft, ihn fesselt und durchsticht – die griechische Tragödie zeigt ein Todesgeschehen nie unmittelbar auf der Szene, sondern entwirft es im Bild durch Sprache. Kassandra beschreibt in dunklen Andeutungen den Fluch, der über dem Geschlecht Agamemnons, den Atriden, lastet. Kaum einer der Anwesenden versteht sie, weil die Seherin von dem Gott Apoll verfolgt und mit der Strafe belegt wurde, dass keiner ihr Glauben schenken werde. So zerbricht sie in der hier abgedruckten Monodie ihren Seherstab und reißt ihre Seher-Binde in höchster Einsamkeit und Verzweiflung von der Stirn, wissend, dass sie nun in den Palast gehen muss, um zu sterben, indem sie von Klytaimnestra getötet wird. Ein Klagesang des Todes.

> KASSANDRA
> Wieder überfällt mich
> Die schreckliche Qual
> Meiner Seherbegabung.
> Sie reißt mich wirbelnd fort
> Und verwirrt meine Rede.
> Seht, dort vorm Haus sitzen sie,
> die Kinder. Seht ihr sie?
> Wie Traumgestalten!
> Kinder – erschlagen von ihren Verwandten,
> die Hände voll Fleisch
> […]
> Da, da – was ist das?
> Was zeigt sich da? Was sehe ich?

Ein Fischnetz des Todes?
Ein Netz des Hades?
Aber nein, das Fangnetz ist sie selbst –
die ihn im Bett umarmte,
umgarnt ihn für den Mord.
Bettgenossin, Mordgenossin,
Umarmung im Bett, Umarmung zum Tod,
Umgarnung zum Mord.
[...]
Sie wird mich Unglückliche töten.
Von dem Gift, das sie braut,
ist auch für mich ein Teil vorgesehen.
Sie wetzt die Klinge gegen den Mann
und rühmt sich laut und jubelt,
weil ich mit Blut dafür zahlen soll,
dass er mich hierher mitgebracht hat.
Warum trage ich noch den Stab
Und die Seher-Binde um die Schläfen?
Ich mache mich nur lächerlich damit.
Bevor der Tod mich ereilt,
breche ich dich entzwei.
Weg mit euch! Seid vernichtet! Zu Boden!
Das ist mein Lohn für euch.
Bringt einer anderen den Reichtum der Ate.
Apollon nimmt mir
die Zeichen meiner Kunst,
er nimmt mir den Schmuck meiner Berufung.
Seht, Apollon selbst
entkleidet mich des Seher-Gewandes.
Lang sah er auf mich nieder,
sah, wie Freund und Feind
mich trotz meines Schmucks
schallend auslachten,
doch es half ihnen nichts.
Sie nannten mich Landstreicherin,
Bettlerin, Närrin, Hungerleiderin –
ich habe es ertragen.
Doch jetzt ist die Seherin entlassen.
Jetzt treibt der Sehergott
Die Schulden ein
Und führt die Seherin auf diesen Todesweg.
Statt des Altars meiner Väter

wartet die Schlachtbank auf mich,
die ich als Voropfer mit warmem Blute netzen soll.
[...]
Was soll ich jammern und seufzen?
Zuerst sah ich Troja, meine Stadt,
enden, wie sie geendet hat,
und jetzt sehe ich, wie es mit den Eroberern der Stadt
zu Ende geht.
So trage ich meinen Tod und geh' hinein.
Ich grüße dieses Tor
als Eingang in den Hades
und flehe nur um einen wohlgezielten Hieb,
dass rasch das Blut fließt,
leicht der Tod kommt und ohne Zucken
dieses Auge bricht.
[...]
Es gibt kein Entrinnen, Fremde,
kein Entrinnen – nein, die Zeit ist um.

Sophokles (496 – 406 v. Chr.)
Antigone
Uraufführung: 442 v. Chr.

2 **Antigone**
Szene: 3. Akt, 2. und 3. Szene
Ort: Auf dem Weg zur Grabkammer

Antigone ist neben *Oidipos tyrannos* und *Elektra* die berühmteste Tragödie des Sophokles. Auf dem dramatischen und historischen Höhepunkt zeigt sich die Gefahr des Zerbruchs der antiken Polis. Im unausweichlichen Konflikt des Herrschers der Stadt Theben, Kreon, und Antigone, der Tochter des vormaligen, verbannten Königs Ödipus, treten sich zwei Personen gegenüber, die nicht nur ihr subjektives, persönliches Recht gegeneinander behaupten, sondern zwei Prinzipien vertreten, die sich unversöhnlich gegenüberstehen: das Staatsgesetz, das verbietet, den Gegner der Stadt, Polyneikes, zu begraben, und das Gebot der unterirdischen Götter, den Toten zu bestatten. Nachdem König Kreon das Edikt erlassen hat, den Leichnam des Polyneikes, der im Kampf um die Herrschaft der Stadt Theben gegen seinen Bruder Eteokles fiel, unbeerdigt vor den Toren der Stadt der Verwesung und dem Fraß der Vögel preiszugeben, bestreut Antigone ihres Bruders Leichnam heimlich mit Erde. Beim zweiten Mal wird sie von den Wächtern gefangen und vor Kreon gebracht. Antigone und Kreon tragen einen unerbittlichen Kampf miteinander aus, der in der Stichomythie, der kurz-schnellen, gestochen scharfen Widerrede, seinen sprachlichen Ausdruck findet. Er endet damit, dass Kreon das Todesurteil verfügt, Antigone lebendig begraben zu lassen. Antigone tritt ihm mit dem großen Wort entgegen: »Zum Hasse nicht, zur Liebe bin ich.«
In dem hier abgedruckten Kommos, dem Wechselgesang mit dem Chor, besingt Antigone

vor den Bürgern der Stadt Theben ihr Schicksal, dass sie jungfräulich, ohne einen Gatten – Haimon, der Sohn König Kreons war ihr zugesprochen – lebendig, jung und unbeweint zu den Toten gehen muss. Bevor sie in der Grabkammer Hand an sich legt, indem sie sich erhängt, sagt sie auf ihrem letzten Weg den ergreifenden Satz, dass, wenn sie gefehlt, sie es leidend erkenne. Souverän fordert sie, dass die anderen nicht größeres Unglück erleiden mögen als sie. Aber Kreon verliert seinen Sohn, der sich in der Grabkammer Antigones ersticht, und seine Frau Eurydike, die Selbstmord begeht. Die Tragödie, schreibt Hegel, erreicht ihr »wahres Ende, daß beide Seiten denselben Untergang erfahren«. Von dem unermesslichen Leid kündet Antigones Todesgesang.

ANTIGONE
Seht, ihr des Vaterlandes Bürger,
Den letzten Weg gehen mich
Und das letzte Licht
Anschauen der Sonne.
Und das nie wieder? Der alles schweigende Todesgott,
Lebendig führt er mich
Zu des Acherons Ufer, und nicht zu den Hymenäen
Berufen bin ich, noch ein bräutlicher singt
Mich, irgendein Lobgesang, dagegen
Dem Acheron bin ich vermählt
[...]
O Grab! O Brautbett! unterirdische
Behausung, immerwach! Da werd ich reisen
Den Meinen zu, von denen zu den Toten
Die meiste Zahl, nachdem sie weiter gangen,
Zornmitleidig dort ein Licht begrüßt hat;
Von denen ich, die letzte, nun am schlimmsten
In weiter Welt vergehn muß, ehe mir
Des Lebens Grenze kommt. Doch komm ich an,
So nähr ich das mit Hoffnungen gar sehr,
Daß lieb ich kommen werde für den Vater,
Auch dir lieb, meine Mutter! lieb auch dir,
Du brüderliches Haupt! Denn als ihr starbt,
Hab ich genommen euch mit eigner Hand
Und ausgeschmückt und über eurem Grabe
Trankopfer euch gebracht. Nun, Polynikes,
Indem ich decke deinen Leib, erlang ich dies,
Obgleich ich dich geehrt, vor Wohlgesinnten.
Nie nämlich, weder wenn ich Mutter
Von Kindern wäre oder ein Gemahl
Im Tode sich verzehret, hätt ich mit Gewalt,
Als wollt ich einen Aufstand, dies errungen.
Und welchem Gesetze sag ich dies zu Dank?

Wär ein Gemahl gestorben, gäb es andre
Und auch ein Kind von einem andern Manne,
Wenn diesen ich umarmt. Wenn aber Mutter
Und Vater schläft, im Ort der Toten beides,
Steht's nicht, als wüchs ein andrer Bruder wieder.
Nach solchem Gesetze hab ich dich geehrt,
Dem Kreon aber schien es eine Sünde
Und sehr gewagt, o brüderliches Haupt!
Und jetzt führt er mich weg, mit Händen so mich greifend,
Mich ohne Bett und Hochzeit; noch der Ehe Teil
Hab ich empfangen, noch ein Kind zu nähren.
Doch einsam so von Lieben, unglückselig,
Lebendig in die Wildnis der Gestorbnen
Komm ich hinab. Welch Recht der Geister übertretend?
Was soll ich Arme noch zu himmlischen
Gewalten schaun? Wen singen der Waffengenossen?
Da ich Gottlosigkeit aus Frömmigkeit empfangen.
Doch wenn nun dieses schön ist vor den Göttern,
So leiden wir und bitten ab, was wir
Gesündigt. Wenn aber diese fehlen,
So mögen sie nicht größer Unglück leiden,
Als sie bewirken offenbar an mir.

Euripides (485 – 406 v. Chr.)
Alkestis
Uraufführung: 438 v. Chr.

3 **Alkestis**
Szene: 2. Epeisodion
Ort: Palast des Königs Admetos in Thessalien

Alkestis ist das früheste erhaltene Drama des Euripides. Der thessalische König Admetos soll eines jungen Todes sterben. Doch Apoll, der bei Admetos zu Gast war, erwirkt bei den Schicksalsgöttinnen, dass Admetos weiterleben darf, wenn einer sich für ihn opfere. Vater und Mutter versagen sich, doch Alkestis, die Frau des Admetos, geht für ihn in den Tod.
    In einem dem Stück vorangestellten Prolog geraten Thanatos, der Gott des Todes, und Apoll in einen heftigen Streit, in dem Apoll vorhersagt, dass Herakles Alkestis dem Tod entreißen werde.
    Die Handlung selbst beginnt an dem Tage, da Alkestis sterben soll. Im Einzugslied des Chors, der Parodos, fragen die Bürger besorgt, ob Alkestis schon gestorben sei. Die Dienerin berichtet von den letzten Handlungen der Königin. Da kommt Alkestis, begleitet von ihren Kindern, zu Admetos und nimmt in einer bewegenden Szene Abschied. Doch verpflichtet sie ihn, niemals

wieder eine andere Frau zu nehmen, und stirbt. Die Kinder stimmen die Totenklage um ihre Mutter an, der Chor tröstet Admetos und besingt den Tod der Königin.

Inmitten der Todeszeremonien kommt Herakles, und Admetos bittet ihn, als Gast bei ihm zu bleiben. Er erzählt ihm nicht vom Tod seiner Frau. Bekränzt und voll Lebenslust erscheint Herakles mit einem Becher Wein. Erst jetzt erfährt er, dass Alkestis gestorben ist, und verlässt den Palast, um Alkestis dem Tod zu entreißen. Herakles kommt zurück mit einer verschleierten Frau, bittet um Gastrecht für sie, das Admetos gedenk seines Versprechens zunächst nicht gewähren mag. Doch gibt er nach und erkennt in der verhüllten Gestalt seine Frau. Sie ist die gerettete Alkestis.

Das Aufeinanderprallen der verschiedenen kontrastiven Ebenen des Stückes bewegt die Forscher und Theatermacher bis heute; zu entscheiden bleibt, ob *Alkestis* eine Tragödie, eine – wegen des glücklichen Ausgangs – pointierte Komödie oder gar ein Satyrspiel ist.

In dem hier abgedruckten Epeisodion allerdings liegt der Akzent eindeutig auf dem tragischen Ton, denn Alkestis weiß in dieser Szene nichts von ihrer Befreiung. Sie visioniert ihren Tod in beängstigend einprägsamen Bildern, die verstören.

> ALKESTIS
> Ich sehe, ich sehe einen zweirudrigen Nachen auf einem See:
> der Fährmann der Toten,
> die Hand an der Stange, Charon,
> ruft mich schon: Was säumst du?
> Beeil dich: du hältst mich hin! So drängt er mich
> ungestüm zur Eile
> [...]
> Es schleppt, es schleppt mich einer fort – siehst du's denn nicht? –
> in die Halle der Toten
> unter dunkelglänzenden Brauen
> schaut er mich an, der geflügelte – Hades!
> Was willst du tun? Lass los! – Welchen Weg,
> ich Ärmste, rück ich noch vor!
> [...]
> Lasst, lasst mich nun los!
> Bettet mich hin, den Füßen versagt die Kraft:
> nahe ist Hades!
> Finstere Nacht beschleicht meine Augen.
> Kinder, Kinder, nicht mehr nun,
> nicht mehr habt ihr eine Mutter.
> Voll Freude, o Kinder, möget ihr dieses Licht sehen!
> [...]
> Admet, du siehst, wie es um mich steht,
> So will ich dir sagen, bevor ich sterbe, was ich wünsche.
> Weil ich dich über alle stelle und um meines
> Lebens Preis dich einsetzte, dieses Licht zu sehen,
> sterbe ich für dich, obwohl ich hätte am Leben bleiben können
> und unter den Thessalern den Mann bekommen, den ich wollte,

und ein Haus bewohnen, das gesegnet ist an königlicher Macht.
Ich wollte nicht leben, getrennt von dir,
mit Waisenkindern, ich schonte
meine Jugend nicht, obgleich ich mich daran erfreuen durfte.
Jedoch, der dich gezeugt und die dich geboren, ließen dich im Stich,
wiewohl es sich für sie in ihrem Alter geziemt hätte hinzusterben,
geziemt auch, ihren Sohn zu retten und ruhmvoll zu sterben.
Denn sie hatten nur dich, und keine Hoffnung bestand für sie,
nach deinem Tod andere Kinder zu pflanzen.
Ich und du, wir würden unsere künftige Zeit noch leben,
und nicht würdest du, allein gelassen von deiner Gattin, stöhnen
und Waisenkinder aufziehen. Doch daß
es so ist, dies hat ein Gott zuwege gebracht.
Nun gut: erstatte mir nun schuldigen Dank dafür:
Denn ich will dich bitten –
[...]
Setze nicht durch neue Heirat diesen Kindern da eine Stiefmutter vor,
eine Frau, die, unwürdiger als ich, aus Eifersucht
gegen deine und auch meine Kinder die Hand erheben wird.
Nein, tu dies nie und nimmermehr, ich bitte dich!
[...]
Lebt wohl und seid glücklich: du, mein Gatte,
darfst dich rühmen, die beste Frau gewonnen zu haben,
ihr, meine Kinder, der besten Mutter entsprossen zu sein.

William Shakespeare (1564–1616)
König Richard III.
Tragödie
Uraufführung: 1593

4 **Lady Anna, die Witwe des Edward Prinz von Wales, Sohn von König Heinrich VI; danach verheiratet mit dem Herzog von Gloucester (= später Richard III.)**
Szene: 1. Aufzug, 2. Szene
Ort: London. Eine Straße

Ein Scheusal steht hier auf der Bühne: Der hündische Herzog von Gloucester, der später, nach vielen Morden an engsten Verwandten, König Richard III. wird. Auch Heinrich VI. ist seinem grenzenlosen Machtstreben zum Opfer gefallen – von Reue aber keine Spur. Im Gegenteil: Frech tritt die *hinkende Missgestalt* dem Leichenzug entgegen, dem auch Lady Anna folgt, die über den widerwärtigen Mord an ihrem Schwiegervater klagt. Mehrmals verflucht sie Richard, zieht ihn als eines Menschen nicht würdig – schließlich hat er auch Edward, ihren Mann, auf dem Gewissen.

Richard schert sich nicht darum und macht Anna inmitten des Trauerzuges für den ermordeten König einen Heiratsantrag. Um ihr seine Liebe zu beweisen, entblößt Richard seine Brust und bietet Anna seinen Dolch an. Sie zielt nach ihm, lässt den Dolch aber dann fallen. Es ist die Unwiderstehlichkeit des Monsters, die hier vorgeführt wird, die Faszination am Bösen, dem man sich nicht entziehen kann. Hier muss auch die starke Lady Anna kapitulieren: Sosehr sie Richard auch verwünscht, am Ende wird er sie bekommen.

Der Leichnam von Heinrich dem Sechsten wird herausgetragen, mit Hellebardenträgern zur Bewachung; Lady Anna als Trauernde, begleitet von Tressel, Berkeley und anderen Edelleuten.

ANNA
Setzt ab, setzt ab die ehrenwerte Last –
Wenn Ehre je im Leichtuch liegen kann –
Derweil ich eine Weile trauernd klage
Ums frühe Falln des frommen Lancaster.
Steinkalter Abdruck eines heilgen Königs,
Du bleicher Staub des Hauses Lancaster,
Blutlose Asche königlichen Bluts:
Erlaubt sei's, anzurufen deinen Geist,
Daß er die Klage hört der armen Anna,
Frau deines Edwards, deines toten Sohns,
Tot durch die Hand, die deine Wunden schlug!
Sieh, in die Luken, draus dein Geist entfloh,
Tropf ich dir hilflos Balsam meiner armen Augen.
Oh, verflucht die Hand, die diese Risse stach;
Verflucht das Herz, das Herz hatt', es zu tun;
Verflucht das Blut, das dieses Blut vergoß!
Schlimmeres Los treff den verhasst Elenden,
Der uns elendig macht durch deinen Tod,
Als ich könnt Wölfen, Spinnen, Kröten wünschen
Und was sonst kriecht an Giftgewürm und lebt.
Wenn er ein Kind hat je, sei's mißgeboren:
Unheilschwer unzeitig ans Licht gebracht,
So gräßlich unnatürlicher Gestalt,
Daß es dem Hoffnungsblick der Mutter graut,
Und das soll Erbe seines Unheils sein.
Wenn er ein Weib hat je, soll durch sein Leben
Sie elendiger sein, als ich's kann werden
Durch meines Mannes und durch deinen Tod.
Nun kommt, nach Chertsey mit der heiligen Last,

Die wir von Sankt Paul dorthin führn zum Grab.
Die Träger nehmen die Bahre auf.
Und immer, wenn ihr müde werdet, ruht,
Indes ich klag vor König Heinrichs Leib.
Richard tritt auf.
[...]
Was für ein Hexer rief den Satan her,
Daß er ergebne Liebesdienste stört?
[...]
Was, zittert ihr? Ja, habt ihr alle Furcht?
Ach, ich verdenk's euch nicht, denn ihr seid sterblich,
Und Augen Sterblicher stehn nicht dem Teufel.
Fahr hin, du grauenvoller Höllenknecht!
Macht hattest du nur über seinen Leib,
Die Seele kannst nicht haben; fahr dahin.
[...]
Der du die schöne Welt umschufst zur Hölle,
Sie füllst mit Flücheschrein und Qualgeheul.
Wenn du den Anblick deiner Greuel genießt,
Sieh hier ein Beispiel deiner Schlächtereien.
O Herrn! Seht, seht, des toten Heinrich Wunden
Öffnen die schwarzen Münder, bluten frisch!
Erröt, erröt, du Klumpen Krummgestalt,
Denn deine Gegenwart, die lockt das Blut
Aus Adern kalt und leer, wo kein Blut strömt:
Dein Treiben, unmenschlich und unnatürlich,
Sticht diese Sintflut an so unnatürlich.
O Gott, der du dies Blut schufst, räch seinen Tod!
O Erde, die dies Blut trinkt, räch seinen Tod!
Mit Blitzen, Himmel, schlag den Mörder tot;
Sonst, Erde, gähn, klaff weit und friss ihn schnell,
Wie du des guten Königs Blut verschlingst,
Den dein Arm höllregiert gemetzelt hat.

William Shakespeare (1564–1616)
Romeo und Julia
Tragödie
Uraufführung: 1595

5 Amme der Julia
Szene: 1. Aufzug, 3. Szene
Ort: Haus der Familie Capulet

Es muss nicht immer Julia sein. Shakespeare schrieb auch für das einfache Volk, das zwar mitfühlen und weinen, während seines nachmittäglichen Besuchs des Theaters aber auch unterhalten und zum Lachen gebracht werden will. So begegnet man auch in den Tragödien des Dichters aus Stratford immer wieder lustigen Figuren, meist Dienstboten oder dergleichen, denen durch ihre Schrulligkeit und ihre Spleens eine zeitlose Komik innewohnt. So auch hier: Julias Amme weiß großmächtig über das für sie wohl bewegendste Ereignis in Julias Biografie zu berichten, immer und immer wieder erzählt sie es, in immer gleicher Ausführung mit immer gleicher Pointe. Und das, obwohl es doch nun um so eine ernste Angelegenheit gehen soll wie Heirat.

Komödiantisches Talent kann hier gezeigt werden, und die Möglichkeit zu ausgiebigem Körperspiel ist gegeben.

> AMME
> Gott, auf die Stunde kann ich's Alter sagen.
> [...]
> Noch keine vierzehn. Da wett ich vierzehn Zähn –
> Zehn Zähn zieht ab, die zog der Zahn der Zeit,
> Hab nur vier Zähn – noch keine vierzehn also.
> Wie lang ists hin bis Sankt Johannis?
> [...]
> Grad diesen Tag,
> Johannisabend nachts, da wird sie vierzehn.
> Suse und sie – der Herrgott hab sie selig –,
> Gleichalt warn sie. Nun, Suse ist bei Gott.
> Sie war zu gut für mich. Doch wie gesagt,
> Johannisabend nachts, da wird sie vierzehn.
> Jesus, das wird sie! Mir denkts noch wie heut.
> Elf Jahr sinds her, daß wirs Erdbeben hatten;
> Von jedem Tag im Jahr grad den Tag hab
> Ich sie entwöhnt – mein Lebtag denk ich dran.
> Hatt mir grad Wermut auf den Zitz gerieben,
> Saß an der Mauer in der Sonn, beim Taubenschlag.
> Ihr Mann und Sie warn fort in Mantua. –
> O ja, ich habs im Kopf. Nun, kurz und gut,
> Sowie das kleine Wurm den Wermut schmeckt

Am Nippel hier vom Zitz, und wird ihm bitter,
Gleich wird es bös und grantig mit dem Titt.
Rumms! kracht der Taubenschlag! Ich schwörs, da hat
Mir keiner Beine machen müssen.
Und seit der Zeit geht's jetzt ins elfte Jahr.
Und konnt schon ganz alleine stehn, weiß Gott,
Und istz schon rumgetapst und weggehopst,
Denn grad den Tag zuvor rennt sie den Kopf,
Und da kam dann mein Mann – Gott hab ihn selig,
Spaßvogel, der er war – und nimmt sie hoch.
»Ja«, sagt er da, »was fällst du aufs Gesicht?
Wirst schon noch auf den Rücken fallen lernen,
Was, Julchen?« Und, Jesus Maria, gleich
Vergisst der Spatz die Tränen und sagt »ja«.
Wie so ein Spaß so schnell doch Wahrheit wird!
Und werd ich tausend Jahre alt, ich schwörs,
Das da vergess ich nie. »Was, Julchen?« sagt er,

Da schnieft das Unschuldslämmchen und sagt »ja«.
[...]
Und ich muß immer lachen,
Wie sie das Weinen aufhört und sagt »ja«.
Und hatt, so wahr ich hiersteh, auf der Stirn
Ein Ei so dick wie große Hähnchenhoden.
Bös aufgeschlagen. Und weint bitterlich.
»Ja«, sagt mein Mann, »was fällst du aufs Gesicht?
Wirst später auf den Rücken fallen lernen,
Was Julchen?« Sie wird still und sagt dann »ja«.
[...]
Gut, bin schon still. Der Herrgott schütze dich,
Du warst das schönste Kind an meiner Brust.
Erleb ich auch noch deinen Hochzeitstag,
Bin ich's zufrieden.

William Shakespeare (1564 – 1616)
Macbeth
Tragödie
Uraufführung: 1606

6 Lady Macbeth
Szene: 1. Aufzug, 5. Szene
Ort: Inverness. Zimmer in Macbeth' Schloss

Eine der ganz großen Frauenrollen der Weltliteratur ist zweifelsohne die Lady Macbeth. Als treibende Kraft steht sie hinter ihrem Mann, der noch vor der Umsetzung der heilvoll-unheilvollen Prophezeiungen der Hexen zögert, er werde Than von Cawdor und schließlich König von Schottland. Als er den ersten Titel erhält, schreibt er an seine Frau, die um den mangelnden Mut und die böswillige Durchsetzungskraft ihres Mannes bangt. Sie weiß, dass Macbeth zwar ein tapferer Krieger ist, wenn es darum geht, dem Feind gewalttätig entgegenzutreten, dass er aber das feine Intrigenspiel, List und Vortäuschung nicht beherrscht und es auch sonst aus moralischen Gründen ablehnt.

Mitten in den hier abgedruckten Monolog fällt die Nachricht, dass der dem Tod geweihte König von Schottland, Duncan, im Schloss von Macbeth angekommen ist, um dort, sich in Sicherheit glaubend, zu übernachten. Lady Macbeth bittet alle bösen Naturmächte, sie zu dem Verbrechen fähig zu machen: »fair is foul and foul is fair«.

LADY MACBETH
Glamis bist du, und Cawdor; und sollst sein,
Was dir geweissagt ist. – Nur fürcht ich doch dein Wesen:
Es ist zu voll der Milch der Menschengüte,
Den nächsten Weg zu gehen. Groß möchtst du sein;
Bist nicht von Ehrgeiz frei, bloß frei von Bosheit,
Die ihn begleiten müßt: wo du hoch raus möchtst,
Da möchtst du heilig raus; möchtst nicht falsch spielen,
Und möchtst doch fälschlich siegen, möchtest das,
Was schreit »So mußt du tun, wenn du es willst«,
Möchtest, was du mehr Angst wohl hast zu tun
Als Wünsche, es blieb ungetan. Eile, eile,
Daß ich mein Wolln ins Ohr dir gießen kann,
Und geißle mit der Stärke meiner Zunge
All das, was dich vom goldnen Stirnreif trennt,
Womit Geschick und jenseitige Mächte
Dich scheint's gekrönt sehn wollen.
[…]
Der Rabe selbst ist heiser,
Der Duncans unheilvollen Einzug krächzt
Unter mein Zinnendach. Kommt, Geister, die
Ihr Mordgedanken zeugt, entweibt mich hier,

Und füllt mich an von Kopf bis Fuß berstvoll
Gräßlichster Grausamkeit! macht dick mein Blut,
Stopft Weg und Zugang dicht, wo Mitleid schleicht,
Daß keine Reueheimsuchung der Menschnatur
Mein wüstes Wolln erschüttert, sich gar stellt
Noch zwischen Plan und Tat! Kommt zu den Weiberbrüsten,
Mischt meine Milch zu Galle, Mordmarschalle,
Wo immer ihr in unsichtbarn Substanzen
Naturunheil umdient! Komm, fette Nacht,
Zieh's Leichtuch um aus Schwadendampf der Hölle,
Daß nicht mein Mordgier-Messer seh, was es
Für Wunden reißt, noch daß der Himmel durch
Des Dunkels schwere Decke späh und seh
Und ruf »Halt, halt!«
Macbeth tritt auf.
O großer Glamis! nobler Cawdor!
Größer als dies, durchs Lebehoch dereinst!
Dein Brief hat übers ahnungslose Heut
Mich weit hinausgetragen, und ich fühl
Schon Zukunft hier im Jetzt.

Don Pedro Calderón de la Barca (1600 – 1681)
Das Leben ein Traum
Schauspiel in drei Akten
Uraufführung: 1635, Königliches Schloss, Madrid

7   Rosaura
Szene: 3. Akt, 10. Szene
Ort: Gebirge, Wald

Vor Sigismund, dem künftigen König Polens, steht Rosaura. Sie will »Schutz erlangen, weil sie Weib / und unglücklich ist«. Den Prinzen fordert sie auf zur Rache, denn ihr Verlobter Astolf hat sie verlassen. Aus Moskau kam sie nach Polen, folgte Astolf, der nun Estrella ehelichen will. Sigismund soll ihre Ehre wiederherstellen.

Aber nicht nur als schwache, hilfesuchende Frau tritt sie auf: Sie hat sich »Männerwaffen« angelegt, um an der Seite Sigismunds zu kämpfen. Gegen seinen eigenen Vater ergreift er die Waffen. An seiner Stelle soll Astolf, ebendieser ehemals Verlobte Rosauras und Neffe des Königs, gekrönt werden.

Der Prophezeiung glaubend, Sigismund werde sich als despotischer Herrscher gegen seinen eigenen Vater auflehnen, hatte der König seinen Sohn in einem Turm fernab der Stadt aufwachsen lassen. Um den Charakter seines Sohnes zu prüfen, wagte er einen Versuch: Sigismund wurde ein Schlaftrunk verabreicht und er wurde an den Hof zurückgebracht; aber die Prophezeiung schien sich zu bewahrheiten. Wieder in seinem Turm, erschien Sigismund das

Geschehene als bloßer Traum und er gelangte zur Einsicht, dass alle Macht nichtig ist, »denn ein Traum ist alles Leben, / und die Träume selbst ein Traum.« Diese Erkenntnis vermochte den Charakter Sigismunds zu ändern. Denn auch, wenn alles nur geträumt ist, müssen wir recht handeln, »um Freunde zu gewinnen, / wenn die Zeit uns wird erwecken«, wenn im Jenseits das wahre, ewige Leben beginnt.

Als hilfesuchend Betrogene und als Kämpferin fordert Rosaura jetzt den nach seiner Wandlung befreiten Prinzen auf, gegen Astolf zu streiten. Ihre Rede zeigt einen Menschen, der über den gesellschaftlichen Konventionen von Männlichkeit und Weiblichkeit steht. Virtuos versteht sie es, von der einen in die andere Rolle zu springen, changiert zwischen Extremen.

> ROSAURA *tritt auf, mit Mantel, Schwert und Dolch*
> [...]
> Nun, o tapfrer Sigismund,
> Da der Rache Zeit gekommen,
> [...]
> Da du gegen deinen Vater
> Und dein Land den Kampf beschlossen,
> Komm ich, dir zu helfen, mischend
> Zu Dianas reichem Pompe
> Der Minerva Kriegesrüstung,
> Teils gehüllt in seidne Stoffe,
> Teils bedeckt mit hartem Stahle,
> Mir vereint zum Schmuck erkoren.
> Auf nun, tapfrer Oberherr!
> Sieh, uns beide muß es frommen,
> Zu verhindern, zu vernichten
> Jenen Bund, den man beschlossen:
> Mir, daß der sich nicht vermähle,
> Der die Ehe mir versprochen;
> Und dir, daß nicht ihrer Staaten
> Bündnis unsres Sieges Glorie
> Durch Stärk und Macht Vermehrung
> Zweifelhaft zu machen drohe.
> Als Weib komm ich, dich zur Rettung
> Meiner Ehr, jetzt aufzufordern,
> Und als Mann, dich anzufeuern
> Zur Ergreifung deiner Krone.
> Als Weib komm ich, dich zu rühren,
> Hingeschmiegt zu deinen Sohlen,
> Und als Mann, dir meines Schwertes,
> Meines Lebens Dienst zu zollen.
> Und so wisse, wenn du heut
> Mir, als Weib, mit Liebe drohest,
> Geb als Mann ich dir den Tod,

Zur Verteid'gung fest entschlossen
Meiner Ehre; denn ich bin,
Sie durch Liebe wiederfordernd,
Weib, um dir mein Leid zu klagen,
Mann, um Ehre zu erobern.

Pierre Corneille (1606–1684)
Rodogune
Tragödie
Uraufführung: 1644/45, Théâtre du Marais, Paris

8 **Rodogune**
Szene: 3. Akt, 3. Szene

Demetrius Nicanor ist einem Mordanschlag seiner eifersüchtigen Frau Cleopatra, Königin von Syrien, zum Opfer gefallen. Nun ist der Tag, an dem Cleopatra ihre Söhne, die Zwillingsbrüder Antiochus und Seleucus, zu sich ruft, um ihnen das Geheimnis bekannt zu geben, welcher von beiden der Erstgeborene ist und damit die Krone des Reiches erhält. Außerdem, so lautet ein Vertrag mit dem Partherreich, solle er mit Rodogune, der Schwester des Partherkönigs, der Nicanor einst zum Gefangenen gemacht hatte, vermählt werden. Doch in Cleopatra brennt ein Hass auf ihre Nebenbuhlerin Rodogune, und so verspricht Cleopatra demjenigen ihrer Söhne die Herrschaft, der die Mordtat an dieser vollbringt. Antiochus und Seleucus jedoch – jeweils für den anderen überraschend – lieben beide Rodogune und sind vom Wunsch ihrer Mutter abgestoßen. Nachdem sie sich gefasst haben, beschwören sie Rodogune, ihren Bräutigam und damit den Thronfolger von Syrien selbst zu erwählen. Rodogune verabscheut ihrerseits Cleopatra und setzt ebenso auf Mord. Sie verlangt, dass derjenige der Zwillinge sie heirate, der seine Mutter töte. An dieser Stelle zerbricht der Bund der Zwillinge: Seleucus resigniert. Antiochus versucht, Cleopatra und Rodogune zu erweichen. Als erste kann er Rodogune entwaffnen: Sie verzichtet auf ihre Rache und offenbart ihm, dass sie ihn liebe. Cleopatra gibt sich ebenso den Anschein, als würde sie sich von seinen Klagen berühren lassen. Sie bittet Rodogune und Antiochus vor den Traualtar. Und doch ist dieses Nachgeben nur gespielt: Cleopatra lässt Seleucus vergiften. Diese Nachricht macht Rodogune misstrauisch. Antiochus hebt seinen Hochzeitstrunk an die Lippen, wovon Rodogune ihn aber abbringt. Cleopatra klagt noch einmal Rodogune an. Diese gibt weiterhin Cleopatra die Schuld an der Tat, und so trinkt die Königin, die ihre Pläne scheitern sieht, selbst das Gift und stirbt. Sie hoffte vergeblich, Antiochus doch noch zu täuschen und mit in den Tod zu ziehen.

Mit Cleopatra lässt Corneille eine Ausnahmefigur auftreten, die keinerlei ethische Bindungen anerkennt. Die Konflikte, die Corneille entwickelt, »übersteigen jede normale Fassungskraft«. Im Unterschied zur klassischen Katharsis bewirkt die Katastrophe hier keine Wiederherstellung der moralischen Weltordnung. Sie zeigt das zufällige Scheitern eines amoralischen Ausnahmemenschen. G.E. Lessing kritisiert im 29.-32. Stück seiner »Hamburgischen Dramaturgie« die Rodogune-Handlung als unwahrscheinliche Häufung grässlicher Ereignisse: »... der Dichter ist äußerst zu tadeln, der aus Begierde, etwas Glänzendes und Starkes zu sagen, uns das menschliche Herz so verkennen läßt, als ob seine Grundneigungen auf das Böse, als auf das Böse, gehen könnten.« Doch, so schreibt der bekannte Romanist Erich Köhler, übersieht Lessing, »daß Corneille in Rodogune die aristotelische Theorie willentlich und zugleich aus der inneren Logik seiner Themenstellung heraus mißachtet hat«. Denn der dämonische Machttrieb Cleopatras anerkennt neben sich kein anderes Gesetz als das der absolutistischen Herrschaft, und so geht die »Tragik in diesem Stück vielfach in eine reine Phänomenologie des Hasses über«.

Trotz der spannungsreichen Handlung entfalten sich die Charaktere zuvörderst durch das Wort. Jean Starobinski schreibt in »Das Leben der Augen« über die Sprache Corneilles: »Kraft und Schwäche, Offenheit und Verstellung schließen einander bei Corneille keineswegs aus, sondern finden sich in seinen Figuren oft auf einmal. Ihr Wille richtet sich gleichermaßen und mit gleicher heldenhafter Anstrengung darauf, zu verbergen, was sie fühlen, und zu zeigen, was sie sind. In ein und derselben Geste vermischen sich der Akt des Sehen-Lassens und der Akt des Verbergens, Geständnis und Verschweigung.« Und er schreibt ebenda: »Wenn die tragische Handlung den Helden zwingt, sich zu beherrschen oder zu verstellen, verpflichtet sie ihn, sich seiner Innerlichkeit bewusst zu werden, deren Abgrund sich in eben dem Moment in ihm aufzutun scheint.«

> RODOGUNE
> Wie? Taktik ins
> Spiel der Liebe bringen,
> Den Liebenden ihr Herz
> Mit scheelen Dirnentränen
> Netzen, es erweichen, bis
> Es nachgibt und Gefällig-
> Keiten schenkt, niemals!
> Blut wie meines meidet
> Niedere Gesinnung. Der
> Prinzen Gaben nur zu dulden
> Soll genügen. Kein Schmeichel-
> Text soll ihre Liebe locken.
> Sie erscheine frei vor mir.
> Sie zeige, was sie kann.
> Dann will ich ihn, für mich,
> Zum Herrscher machen!
> Ja, mein Vergessen ende,
> Mein tiefverletztes Ich ent-
> Zünde sich am Zorn
> Der Königin, der Hassgetränkten.
> Erinnerung, nimm dir dein Recht,
> Führe mir noch einmal Nicanor
> Vor meine Augen, wie er schrie,
> Als feigen Weibes feige Hiebe
> Ihn zerrieben! Sein Antlitz
> Noch einmal, samt allem Blut,
> Sein wutentbrannter Liebesblick.
> »Übt Rache aus!« schrie er.
> Blut tränte überall, sein Leib

Lag offen, ach! Geliebter
Schattengatte, ach! Ich küsste
Eben jene Mörderhand. Ich
Mimte ihr die Tochter, verzeih,
Der Staatsvertrag steht meiner
Liebe vor. Vergessen, hieß es,
Sei von nun an meine Pflicht.
Meine Augen hieß es schließen.
Ich sah kein Attentat, lief leer
Auf meiner Bahn, als Opfer
Für den Staat, Pfand eines
Friedens, der verfault. Und ihre
Böse Hand hebt sich erneut.
Will wieder Mord. Es giert
Nach dir die Königin,
Sie will dein Herz in mir
Mit abgeschlachtet wissen,
Diese Brust zum Sarg unserer
Liebe machen. Wir lassen das
Nicht zu! Sie brach den Frieden,
Ich erhebe mich, ich fasse mir
Mein Herz, zu lieben und zu hassen!
Und niemandem zu dienen außer dir!
Und du? Sein lebendes Portrait, geliebter
Prinz, Bewohner meiner Seele. Wirst du
Mit Einsicht meine Mühe lohnen?
Dein Name klingt in mir so schön,
Doch diese Mauern mahnen mich
Zu schweigen. Dein Bangen jammert
Mich, dein Schmerz, dein Leiden,
Dein Klagen, verfrühtes Echo
Schon in mir. Ach! Ich vernehme
Es, ich dulde. Doch mein Wort
Hat Nicanor. Er gab mir dein
Leben, mir gab er das seine.
Gleiches Leid werd ich erleiden,
Deine Schmerzen – meine.
Wo du zu schluchzen hast,
Da wisse, dass ich weine!
[...]

Jean Racine (1639–1699)
Phädra

Tragödie in 5 Akten
Uraufführung: 1.1.1677, Hôtel de Bourgogne, Paris

9 **Phädra**
Szene: 4. Akt, 6. Szene
Ort: Troizène, Stadt auf dem Peloponnes

Phädra ist die letzte der großen Tragödien von Jean Racine. Auf Euripides Drama *Hippolytos* beruhend, gestaltet der französische Dichter die Personen stark um, nunciert ihre Gewichtung anders und setzt den Hauptakzent auf Phädras leidenschaftliche Liebe zu Hippolytos, dem Sohn ihres Gemahls Theseus, der abwesend ist. Hippolytos scheint sich der Liebe zu enthalten, aber im Verborgenen liebt er die Amazonenprinzessin Arikia, die er später heimlich heiratet, um mit ihr zu fliehen. Es ist die Liebe des jungen Paares, die die Eifersucht Phädras bis zu einem unerträglichen Schmerz steigert, aber der Grund ihres Leidens liegt in der Unmöglichkeit ihrer Liebe selbst, in dem Tabu, das sie zu überschreiten droht. Diese Zerrissenheit spiegelt sich in dem Aufeinanderstoßen zwischen »raison« und »passion«, Vernunft und Leidenschaft, Geist und Herz, Maß und Gewalt, Erhabenheit und Abhängigkeit, Hass und Liebe, Verbrechen und Größe, Öffentlichkeit und Verschwiegenheit, Tag und Nacht. So verbirgt sich Phädra am Anfang des Dramas im Palast, damit ihre Liebe nicht das Licht erblicken möge. In dem Augenblick aber, als sie ihre verbotenen Gefühle dem Tag preisgibt, indem sie ihrer Amme Oenone ihre verborgene Leidenschaft gesteht, ist die Tragödie besiegelt. In Racines Drama »geschieht« nichts, wird keine Handlung vollzogen, sondern im Sprechen gestaltet. In diesem Sinn schreibt der französische Philosoph Roland Barthes über Racines *Phädra*: »Sagen oder nicht sagen? Das ist die Frage. Hier wird das Wesen des Sprechens selbst auf die Bühne gebracht [...] Phädra ist ihr Schweigen selbst: dieses Schweigen brechen heißt sterben.« »*Phädra*«, fährt er fort, »ist auf allen Ebenen eine Tragödie des unter Verschluss gehaltenen Wortes«. In dem Augenblick, als sie das Geheimnis aufbricht, ihren Schmerz ins Offene sagt wie in dem hier abgedruckten Monolog, fügt sie sich selbst ihren eigenen Tod zu. Sprechen heißt, »das Leben verlieren«. In dieser Unausweichlichkeit liegt die faszinierende Macht des Racine'schen Dramas.

> PHÄDRA
> Hippolyt liebt, ich kanns nicht bezweifeln.
> Er, dieser wilde Feind, der nicht zu zähmen war,
> den Ehrerbietung kränkte, dem die Klage lästig fiel,
> dieser Tiger, dem ich nie furchtlos entgegentrat,
> bezwungen und gebändigt folgt er einer Siegerin:
> Arikia fand den Weg zu seinem Herzen.
> [...]
> Ah! Welch nie gefühlter Schmerz!
> Welch eine unbekannte Qual blieb für mich aufgespart!
> Alles, was ich litt, mein Bangen und mein Sehnen,
> das Rasen meiner Glut, das Grauen der Reue,
> die grausame Verhöhnung, die mein Werben fand,
> es war nur eine schwache Probe dieser Qual.

Sie liebten sich. Durch welchen Zauber täuschte sie mein Auge?
Wie sahn sie sich? Seit wann? An welchen Orten?
Du wusstest es. Warum ließest du mich betrügen?
Warum hast du mir ihre Liebschaft nicht berichtet?
Sah man sie oft sich sprechen und sich treffen?
Suchten in den Wäldern sie sich zu verbergen?
Weh mir! Sie hatten alle Freiheit, sich zu sehen,
der Himmel unterstützte ihre unschuldige Sehnsucht;
sie folgten unbeschwert der Stimme ihrer Regung,
heiter und strahlend gingen alle Tage für sie auf.
Und ich, Abschaum unter den Geschöpfen der Natur,
ich mied den Tag und floh den Glanz des Lichtes,
Tod hieß der Gott, dem meine Bitten galten,
und meine Sehnsucht war, endlich zu sterben.
Von Bitterkeit genährt, getränkt von Tränen,
im Unglück noch umringt von tausend Augen,
ließ ich nicht einmal meinem Kummer freien Lauf;
nur zitternd kostete ich diese düstre Lust,
verdeckte meine Qualen unter heitrer Stirn,
ich hatte nicht das Recht auf meine Tränen.

Jean-Baptiste Molière (1622 – 1673)
Die Schule der Frauen
Komödie in 5 Akten
Uraufführung: 26. 12. 1662, Palais Royal, Paris

10 Agnès
Szene: 2. Akt, 5. Szene
Ort: Paris

Arnolphe hat schlechte Erfahrungen mit Frauen gemacht und verlacht alle betrogenen Ehemänner. Um sich selbst mit einer »treuen Ehefrau« zu verheiraten, führt er ein »Menschenexperiment« durch. Er erläutert seinem Freund Chrysalde, dass ihm die Bauerntochter Agnès schon im Alter von vier Jahren von einer Bauernfamilie anvertraut wurde und er sie im Kloster aufziehen ließ. Dort lebte sie fern jeder Verführung und Bildung – in völliger Unwissenheit über die Welt. Nun ist Agnès erwachsen und lebt in einem Haus, zu dem Besucher keinen Zutritt haben und in dem sie von zwei dummen Dienern bewacht wird. Doch begegnet Agnès flüchtig und dann heimlich Horace, dem Sohn des alten Oront, und entdeckt in aller Unschuld ihre Liebe zu ihm. Die Komödie spinnt sich tragikomisch aus, als Horace in seiner Liebe zu Agnès gerade Arnolphe zu seinem väterlichen Vertrauten erklärt, ohne sich Rechenschaft darüber zu geben, dass der von Agnès als grimmiger Wächter über die weibliche Erziehung geschilderte »Monsieur de la Souche« mit Arnolphe identisch ist. Damit hat Horace nun einen Rivalen sich gegenüber, der seine wahre Identität nicht enthüllt. Horace berichtet Arnolphe all

Barock

seine Fortschritte bei Agnès – und treibt diesen wiederum durch die Hölle der Eifersucht. Um Horaces Treffen mit Agnès zu vereiteln, ermahnt Arnolphe die Bedienten Alain und Georgette zur Wachsamkeit. Agnès berichtet Arnolphe bereitwillig-naiv von den Freundlichkeiten des Verehrers und bittet ihn sogar, einer Ehe mit Horace zuzustimmen. Arnolphe erklärt Agnès, dass er selbst der für sie Auserwählte sei; es gelingt ihm dennoch nicht, seinen Rivalen aus dem Feld zu schlagen. Horace ist nach einer Tracht Prügel, die er beim nächtlichen Rendezvous bezogen hat, fest entschlossen, Agnès zu entführen, und bittet wiederum ausgerechnet Arnolphe, die Entführte zum Schutz vor Verfolgung und aus Sorge um ihren guten Ruf ein paar Tage bei sich aufzunehmen. Nachdem Agnès ein zweites Mal in die Fänge des Frauendresseurs Arnolphe geraten ist, überhäuft er sie zunächst mit Vorwürfen. Als sie sich auch von seiner Liebeserklärung nicht beeindruckt zeigt, lässt Arnolphe Agnès von Alain wieder abführen. Da erscheint Horaces Vater Oront, um seinen Sohn mit der Tochter eines gewissen Enrique zu vermählen. Die neuen Missverständnisse klären sich auf, als sich herausstellt, dass Agnès ebendiese Tochter Enriques ist, die als Kind von ihrer Mutter zu einer Frau aufs Land gegeben wurde. So fallen väterliche Wünsche und Pläne der Kinder zusammen; nur Arnolphe geht leer aus.

Molière kritisiert in *Die Schule der Frauen* eine weibliche Erziehung, welche die traditionelle Auffassung von ehelicher Liebe als Pflicht und erzwungener Treue gegen die natürlichen Gefühle durchsetzen will. Er mokiert sich ganz explizit über die erbaulichen Belehrungen geistlicher Ratgeber in Gewissensfragen, indem er Arnolphe der jungen Agnès einen kleinen Ehekatechismus aushändigen lässt, den diese nicht ohne Mühe herunterbuchstabiert. Doch für den Teil der französischen Gesellschaft, die in den damaligen preziösen Salons über die Rolle der Frau diskutierte, deren autonome Entfaltung bereits eine Selbstverständlichkeit war, konnte Arnolphes Gebot einer bedingungslosen Ehe nur noch komisch wirken. In dem hier abgedruckten Monolog äußert Agnès frei ihre Gefühle. Vielleicht ist sie unsicher; vielleicht ist sie abgründig gewitzt.

AGNÈS
Kaum glaublich ist's, doch wahr.
[...]
Ich saß auf dem Balkon mit einer Näherei;
Da, plötzlich, drunten geht ein fremder Mensch vorbei,
Ein hübscher junger Mann, der, als er mich erblickte,
Sogleich voll Lebensart sich grüßend vor mir bückte;
Ich, daß er nur nicht glaub, mir fehle Höflichkeit,
Gab gleich die Reverenz zurück von meiner Seit.
Er wiederholt sofort die Höflichkeitsbezeugung;
Und ich im gleichen Takt erwidre die Verbeugung.
Er gibt zum dritten Mal das Kompliment zurück;
Ich auch zum dritten Mal im gleichen Augenblick.
Er geht und kommt und geht – und höflich ohne Grenzen –
Macht er mir jedes Mal erneute Reverenzen.
Und ich, die keinen Blick ihn aus dem Aug verlor
Erwidert' jeden Gruß mit Knixen, wie zuvor.
Und hätte schließlich nicht der Abend ihn vertrieben,
Wär ich in einem fort auf meinem Platz geblieben;
Denn weichen wollt ich nicht, sonst fiel es ihm noch bei,
Daß seine Lebensart der meinen übel sei.

[...]
Am Morgen drauf erschien vor unserer Pforte
Ein altes Mütterlein und sagte mir die Worte:
Mein Kind, mög' über Ihnen des Himmels Segen walten.
Und Ihre Schönheit so für alle Zeit erhalten!
Jedoch, da Ihnen Gott so holden Reiz gespendet,
Will er die Gaben auch auf rechte Art verwendet.
Mein Kindchen, jammervoll verletzen Sie sein Herz,
Das Ihrethalben klagt und leidet bittren Schmerz.
Wie, ich verletzt, und wen? So frug ich voller Zweifel.
Verwundet, sagt sie, ja, und schwer, dass Ihr's nur wisst,
Den Herrn, der gestern hier Sie vor dem Haus begrüßt.
O weh, so rief ich gleich, ließ ich denn aus Versehen
Was auf ihn fallen? Gott, wie konnte das geschehen?
Nein, sprach sie nur, Ihr Blick hat dies zuweg gebracht,
Sein ganzes Unglück kommt von ihrer Augen Macht.
Mein Gott, sag ich, und war vor Schrecken ganz benommen,
Aus meinen Augen sollt ein solches Übel kommen?
Ja, sagt sie drauf, mein Kind, aus Ihrer Augen Sitz
Sprüht, Ihnen unbekannt, ein scharfer Todes-Blitz.
Kurzum, er schwindet hin, der Arme, nicht zu halten,
Und wird – dies war das Wort der mitleidsvollen Alten –,
Sofern Sie ihm nicht helfen, durch Ihre Grausamkeit
Ein kalter Leichnam sein, und das in kurzer Zeit.
Mein Gott, ich möchte doch den Kummer nicht erleben!
Sprach ich, was will er nur, wie kann ich Hilfe geben?
So ich. Und sie: Mein Kind, genug kann er's erlangen,
Daß er Sie sehen darf, und daß Sie ihn empfangen,
Da liegt die Medizin; denn nur in Ihrem Auge,
Das ihn zu Fall gebracht, wohnt Heilung, die ihm tauge.
Ei, sag ich, steht es so? Nun, das ist leicht geschehn,
Er kann mich ja getrost, sooft er will hier sehen.
[...]
Und also trug sich's zu. Er kam und ward gesund.
[...]
Er sprach, von Liebe sei sein ganzes Herz entglommen;
Er sprach so wunderschön, wie ich noch nichts vernommen.
Sprach Worte gar so süß – man kennt sich selber nicht,
So wunderbarlich ist's; und immer, wenn er spricht,
Läuft's übern Rücken mir, ganz kitzlich, und hier drinnen
Regt sich, ich weiß nicht was, so wohl wird mir zu Sinnen.

Gotthold Ephraim Lessing (1729–1781)
Miss Sara Sampson
Trauerspiel

Uraufführung: 10.7.1755, Exerzierhaus, Frankfurt am Main

11 Marwood, Mellefonts vergangene Geliebte
Szene: 2. Aufzug, 3. Auftritt
Ort: Zimmer der Marwood in einem Gasthof

Marwood, die Mellefont gefolgt ist, beklagt hier höhnisch das Schicksal der höfischen Geliebten. Sie wirft ihm nicht vor, in den Armen Saras ein weiteres schnelles Abenteuer zu suchen, sondern es scheinbar diesmal ernst zu meinen. Sie kann es nicht verwinden, dass der Frauenheld Mellefont sein Herz nun ernsthaft an ein tugendhaftes Mädchen binden will. Mit nahezu bösartiger Akribie rechnet ihm Lady Marwood vor, dass es wohl kaum länger als einen Monat dauern wird, bis er auch der kleinen Sara überdrüssig wird.

Die adelige Nebenbuhlerin ist im bürgerlichen Trauerspiel des 18. Jahrhunderts ebenso fest verankert wie der patriarchalische Vater, denn es ist ein anderer Blick auf die Frau, die sie ermöglicht. Sie ist Intrigantin, Freidenkerin und schlechtes Gewissen zugleich; eine Mischung von höchster Sprengkraft, die das dramatische Geschehen beherrscht.

> MARWOOD
> Ei sieh doch, [Mellefont]! Deine neue Gebieterin ist also wohl gar ein Mädchen von schönen sittlichen Empfindungen? Ihr Mannspersonen müßt doch selbst nicht wissen, was ihr wollt. Bald sind es die schlüpfrigsten Reden, die buhlerhaftesten Scherze, die euch an uns gefallen; und bald entzücken wir euch, wenn wir nichts als Tugend reden, und alle sieben Weisen auf unserer Zunge zu haben scheinen. Das schlimmste aber ist, daß ihr das eine so wohl als das andre überdrüssig werdet. Wir mögen närrisch oder vernünftig, weltlich oder geistlich gesinnet sein: wir verlieren unsere Mühe, euch beständig zu machen, einmal wie das andre. Du wirst an deine schöne Heilige die Reihe Zeit genug kommen lassen. Soll ich wohl einen kleinen Überschlag machen? Nun eben bist du im heftigsten Paroxysmo mit ihr: und diesem geb' ich noch zwei, aufs längste drei Tage. Hierauf wird eine ziemlich geruhige Liebe folgen: der geb' ich acht Tage. Die andern acht Tage wirst du nur gelegentlich an diese Liebe denken. Die dritten wirst du dich daran erinnern lassen: und wann du dieses Erinnern satt hast, so wirst du dich zu der äußersten Gleichgültigkeit so schnell gebracht sehen, daß ich kaum die vierten acht Tage auf diese letzte Veränderung rechnen darf. – Das wäre nun ungefähr ein Monat. Und diesen Monat, Mellefont, will ich dir noch mit dem größten Vergnügen nachsehen; nur wirst du erlauben, daß ich dich nicht aus dem Gesichte verlieren darf.

Gotthold Ephraim Lessing (1729–1781)
Emilia Galotti

Trauerspiel
Uraufführung: 13.3.1772, Braunschweig

12 Gräfin Orsina

Szene: 4. Aufzug, 3. Auftritt
Ort: Ein Vorsaal auf dem Lustschlosse des Prinzen

Der Monolog Orsinas ist weit mehr als die Klage der verschmähten Liebhaberin, die nun mit ansehen muss, wie ihr Geliebter sich einem jungen bürgerlichen Mädchen, Emilia, zuwendet. Orsina hat Prinz Gonzaga in einem Brief gebeten, nach Dosalo, einem Lustschloss, zu kommen und sie dort zu empfangen. Ohne den Brief gelesen zu haben, befindet sich der Prinz zwar zufälligerweise in Dosalo, ist aber gerade mit Emilia und deren Eltern beschäftigt, die über den Mord an Graf Appiani, Emilias Bräutigam, bestürzt und verzweifelt sind. Kurz: Die Anwesenheit der Mätresse ist dem Prinzen höchst zuwider und er versucht, durch seinen brutalen Diener Marinelli, der schließlich auch den Mord an Appiani zu verantworten hatte, Orsina loszuwerden. Zynisch weist Marinelli darauf hin, dass der Herzog Orsinas Brief »Aus Zerstreuung weiß ich. – Nicht aus Verachtung.« nicht gelesen hat, was Orsina zutiefst empört: Sie weiß, dass sie als Mätresse keine ewige Liebe zu erwarten hat, es verletzt sie aber zutiefst, wie man mit ihresgleichen umgeht. Trotz aller Aufklärung ist die »denkende« Frau immer noch ein Unding und hat keinen Platz, in den bürgerlichen Kreisen der Galottis ebenso wenig wie in den adeligen der Gonzagas und Orsinas. Sarkastische Ironie und beißende Verzweiflung treffen hier aufeinander, wobei Orsina schließlich erkennt, dass die Gesellschaft keine andere Rolle für sie vorgesehen hat. Am Ende gibt sie Odoardo, dem Vater Emilias, einen Dolch, damit er sich und sie am Prinzen rächen möge – so sind es nicht nur die bürgerlichen Beziehungen, die hier in diesem Trauerspiel auf die Probe gestellt werden, sondern auch die Beziehungen des Adels untereinander, die zeigen, dass hier manches an sein Ende gekommen ist.

> ORSINA *stolz*
> […] Sie sind ein unverschämter Tröster, Marinelli! – Verachtung! Verachtung! Mich verachtet man auch! mich! – *Gelinder, bis zum Tone der Schwermut.* Freilich liebt er mich nicht mehr. Das ist ausgemacht. Und an die Stelle der Liebe trat in seiner Seele etwas anders. Das ist natürlich. Aber warum denn eben Verachtung? Es braucht ja nur Gleichgültigkeit zu sein.
> […]
> Gleichgültigkeit an die Stelle der Liebe? – Das heißt, Nichts an die Stelle von Etwas. Denn lernen Sie, nachplauderndes Hofmännchen, lernen Sie von einem Weibe, daß Gleichgültigkeit ein leeres Wort, ein bloßer Schall ist, dem nichts, gar nichts entspricht. Gleichgültig ist die Seele nur gegen das, woran sie nicht denkt; nur gegen ein Ding, das für sie kein Ding ist. Und nur gleichgültig für ein Ding, das kein Ding ist, – das ist so viel, als gar nicht gleichgültig. – Ist dir das zu hoch, Mensch?
> […]

Was murmeln Sie da?
[...]
[Eine Philosophin?] Ja, ja; ich bin eine. – Aber habe ich mir es itzt merken lassen, daß ich eine bin? – O pfui, wenn ich mir es habe merken lassen; und wenn ich mir es öfter habe merken lassen! Ist es wohl noch Wunder, daß mich der Prinz verachtet? Wie kann ein Mann ein Ding lieben, das, ihm zum Trotze, auch denken will? Ein Frauenzimmer, das denket, ist eben so ekel als ein Mann, der sich schminket. Lachen soll es, nichts als lachen, um immerdar den gestrengen Herrn der Schöpfung bei guter Laune zu erhalten. – Nun, worüber lach' ich denn gleich, Marinelli? – Ach, ja wohl! Über den Zufall! daß ich dem Prinzen schreibe, er soll nach Dosalo kommen; daß der Prinz meinen Brief nicht lieset, und daß er doch nach Dosalo kömmt. Ha! ha! ha! Wahrlich ein sonderbarer Zufall! Sehr lustig, sehr närrisch! – Und Sie lachen nicht mit, Marinelli? – Mitlachen kann ja wohl der gestrenge Herr der Schöpfung, ob wir arme Geschöpfe gleich nicht mitdenken dürfen. – *Ernsthaft und befehlend.* So lachen Sie doch!
[...]
Nein, nein, lachen Sie nur nicht. – Denn sehen Sie, Marinelli, – *nachdenkend bis zur Rührung,* was mich so herzlich zu lachen macht, das hat auch seine ernsthafte – sehr ernsthafte Seite. Wie alles in der Welt! – Zufall? Ein Zufall wär' es, daß der Prinz nicht daran gedacht, mich hier zu sprechen, und mich doch hier sprechen muß? Ein Zufall? – Glauben Sie mir, Marinelli: das Wort Zufall ist Gotteslästerung. Nichts unter der Sonne ist Zufall; – am wenigsten das, wovon die Absicht so klar in die Augen leuchtet. – Allmächtige, allgütige Vorsicht, vergib mir, daß ich mit diesem albernen Sünder einen Zufall genennet habe, was so offenbar dein Werk, wohl gar dein unmittelbares Werk ist! –
[...]
Machen Sie, Marinelli, machen Sie, daß ich ihn bald spreche, den Prinzen; sonst bin ich es wohl gar nicht im Stande. – Sie sehen, wir sollen uns sprechen; wir müssen uns sprechen –

Johann Wolfgang von Goethe (1749–1832)
Iphigenie auf Tauris
Schauspiel
Uraufführung: 6.4.1779, Redoutentheater, Weimar

13 Iphigenie
Szene: 1. Aufzug, 1. Auftritt
Ort: Hain vor Dianens Tempel

Weil sich ihr Vater Agamemnon in Aulis, kurz vor dem Auslaufen der griechischen Flotte nach Troja, gegen die Göttin Diana versündigt hatte, sollte Iphigenie auf des Sehers Kalchas' Vorschlag hin geopfert werden. Diana aber rettete Iphigenie zu den wilden Taurern, die jeden töten, der an ihrer zerklüfteten Küste landet. Iphigenie muss nun als Priesterin im Diana-Heiligtum dienen. Solange sie jedoch schon vor Ort ist, sowenig kann sie den rüden Sitten, dem wilden Land und seinen barbarischen Bewohnern etwas abgewinnen, sie spürt, dass sie hier fehl am Platze ist, hat aber wenig Aussicht auf Rettung.

Neben dem Schicksal der zur Untätigkeit und Abhängigkeit verurteilten Frau wird in dem Monolog ebenso eine Art poetisches Programm des klassischen Gedankens verhandelt. Die schöne Seele, fest sitzend in Ignoranz und Barbarei, imaginiert mit jenen, die fern von den gedachten paradiesischen Zuständen der griechischen Antike leben, »das Land der Griechen mit der Seele suchend«. So leitet diese Sequenz nicht nur das Spiel um die Zukunft Iphigenies ein, sondern stellt auch das klassische Programm, Humanität und ihre Anwendbarkeit, in Frage: Thoas, der König der Aulier, steht am Ende außen vor, sein erzwungenes »Lebt wohl!« ermöglicht den Griechen die Abfahrt. Hier wird eindrucksvoll veranschaulicht, wie klassische Ideale, gegen sich selbst angewendet, Gefahr laufen, zum Fundamentalismus zu werden.

> IPHIGENIE
> Heraus in eure Schatten, rege Wipfel
> Des alten, heil'gen, dichtbelaubten Haines,
> Wie in der Göttin stilles Heiligtum
> Tret' ich noch jetzt mit schauderndem Gefühl,
> Als wenn ich sie zum erstenmal beträte,
> Und es gewöhnt sich nicht mein Geist hierher.
> So manches Jahr bewahrt mich hier verborgen
> Ein hoher Wille, dem ich mich ergebe;
> Doch immer bin ich, wie im ersten, fremd.
> Denn ach! mich trennt das Meer von den Geliebten,
> Und an dem Ufer steh' ich lange Tage,
> Das Land der Griechen mit der Seele suchend;
> Und gegen meine Seufzer bringt die Welle
> Nur dumpfe Töne brausend mir herüber.
> Weh dem, der fern von Eltern und Geschwistern
> Ein einsam Leben führt! Ihm zehrt der Gram
> Das nächste Glück vor seinen Lippen weg,
> Ihm schwärmen abwärts immer die Gedanken

Nach seines Vaters Hallen, wo die Sonne
Zuerst den Himmel vor ihm aufschloß, wo
Sich Mitgeborne spielend fest und fester
Mit sanften Banden aneinander knüpften.
Ich rechte mit den Göttern nicht, allein
Der Frauen Zustand ist beklagenswert.
Zu Haus und in dem Kriege herrscht der Mann,
Und in der Fremde weiß er sich zu helfen.
Ihn freuet der Besitz; ihn krönt der Sieg!
Ein ehrenvoller Tod ist ihm bereitet.
Wie enggebunden ist des Weibes Glück!
Schon einem rauhen Gatten zu gehorchen,
Ist Pflicht und Trost; wie elend, wenn sie gar
Ein feindlich Schicksal in die Ferne treibt!
So hält mich Thoas hier, ein edler Mann,
In ernsten, heil'gen Sklavenbanden fest.
O wie beschämt gesteh' ich, daß ich dir
Mit stillem Widerwillen diene, Göttin,
Dir, meiner Retterin! Mein Leben sollte
Zu freiem Dienste dir gewidmet sein.
Auch hab' ich stets auf dich gehofft und hoffe
Noch jetzt auf dich, Diana, die du mich,
Des größten Königes verstoßne Tochter,
In deinen heil'gen, sanften Arm genommen.
Ja, Tochter Zeus', wenn du den hohen Mann,
Den du, die Tochter fordernd, ängstigtest,
Wenn du den göttergleichen Agamemnon,
Der dir sein Liebstes zum Altare brachte,
Von Trojas umgewandten Mauern rühmlich
Nach seinem Vaterland zurückbegleitet,
Die Gattin ihm, Elektren und den Sohn,
Die schönen Schätze, wohl erhalten hast;
So gib auch mich den Meinen endlich wieder
Und rette mich, die du vom Tod errettet,
Auch von dem Leben hier, dem zweiten Tod.

Johann Wolfgang von Goethe (1749 – 1832)
Faust
Der Tragödie erster Teil
Uraufführung: 19.1.1829, Altes Opernhaus am Hagenmarkt, Braunschweig

14 Gretchen
Szene: Zwinger (V. 3592-3613)
Ort: Vor einer Mauerhöhle mit dem Andachtsbild der Mater dolorosa

Gretchen ist in ihrer Not in einen Zwischenraum geflüchtet, in dem sie Zuflucht sucht. Im engen Raum »zwischen Stadtmauer und Häusern« (= Zwinger) betet sie zu einer höchst eindringlichen Darstellung der Gottesmutter. Hier steht Maria unter dem Kreuz und blickt zu Jesus empor, oftmals durchbohrt ihr dabei in der Darstellung ein Schwert das Herz. Eigentlicher Sinn des Stabat-Mater-Gebetes ist es, auf intensive Weise am Leid Marias teilzuhaben, Gretchen aber dreht dies um und fleht die Schmerzensreiche (dolorosa) an, ihr zu helfen. Sie ist in höchster Verzweiflung; die Situation, in die Faust sie gebracht hat, lässt sie Todesängste verspüren, was in den unruhigen und wechselnden Metren und Rhythmen eindrucksvoll nachzuvollziehen ist.

Zwinger
In der Mauerhöhle ein Andachtsbild der Mater dolorosa, Blumenkrüge davor.

GRETCHEN *steckt frische Blumen in die Krüge*
Ach neige,
Du Schmerzenreiche,
Dein Antlitz gnädig meiner Not!

Das Schwert im Herzen,
Mit tausend Schmerzen
Blickst auf zu deines Sohnes Tod.

Zum Vater blickst du,
Und Seufzer schickst du
Hinauf um sein' und deine Not.

Wer fühlet,
Wie wühlet
Der Schmerz mir im Gebein?
Was mein armes Herz hier banget,
Was es zittert, was verlanget,
Weißt nur du, nur du allein!

Wohin ich immer gehe,
Wie weh, wie weh, wie wehe
Wird mir im Busen hier!
Ich bin, ach, kaum alleine,
Ich wein', ich wein', ich weine,
Das Herz zerbricht in mir.

Die Scherben vor meinem Fenster
Betaut' ich mit Tränen, ach,
Als ich am frühen Morgen
Dir diese Blumen brach.

Schien hell in meine Kammer
Die Sonne früh herauf,
Saß ich in allem Jammer
In meinem Bett schon auf.

Hilf! rette mich von Schmach und Tod!
Ach neige,
Du Schmerzenreiche,
Dein Antlitz gnädig meiner Not!

Friedrich Schiller (1759 – 1805)
Kabale und Liebe
Bürgerliches Trauerspiel
Uraufführung: 13.4.1784, Großmannsche Schauspielergesellschaft, Frankfurt am Main

15 Luise Millerin
Szene: 4. Aufzug, 7. Szene
Ort: Ein sehr prächtiger Saal bei der Lady Milford

Lady Milford hat das Zusammentreffen mit ihrer bürgerlichen Kontrahentin glänzend inszeniert. Die besten Kleider sind angetan, die schönsten Schmuckstücke angelegt; adelige Pracht und Glanz, um Luise Millerin zu täuschen. Es ist die Stelle der Kammerjungfer, die ihr angeboten werden soll, um sie unter die Kontrolle und den Einfluss der Lady zu stellen, die Ferdinand liebt. Doch Luise geht auf das Angebot nicht ein, sie weiß, dass ihre bürgerliche Stellung zwar die niedrigere, aber aufrichtigere und tugendreichere ist. Mit nahezu anmaßender Rhetorik wird die Lady von der kleinen Tochter eines Stadtmusikus kritisiert, ihre Intrige aufgedeckt – der Höhepunkt aber findet dann statt, als Luise es schafft, das Gespräch von der Ebene Lady – Mädchen auf die Ebene von Frau zu Frau zu bringen, in der Ehrlichkeit und Wahrhaftigkeit gelten sollen. Die Milford sieht hierin eine Gefahr für die eigene Existenz und gerät außer sich, Luise bleibt standhaft: Sie weiß, dass sie Ferdinand schon verloren hat, ihr geht es um nichts mehr, wohingegen es der Lady um alles geht.

LUISE

[...] Die Paläste gewisser Damen sind oft die Freistätten der frechsten Ergötzlichkeit. Wer sollte der Tochter des armen Geigers den Heldenmut zutrauen, den Heldenmut, mitten in die Pest sich zu werfen, und doch dabei vor der Vergiftung zu schaudern? Wer sollte sich träumen lassen, daß Lady Milford ihrem Gewissen einen ewigen Skorpion halte, daß sie Geldsummen aufwende, um den Vorteil zu haben, jeden Augenblick schamrot zu werden? – Ich bin offenherzig, gnädige Frau – Würde Sie mein Anblick ergötzen, wenn Sie einem Vergnügen entgegengingen? Würden Sie ihn ertragen, wenn Sie zurückkämen? – – O besser! besser! Sie lassen Himmelsstriche uns trennen – Sie lassen Meere zwischen uns fließen! – Sehen Sie sich wohl für, Mylady – Stunden der Nüchternheit, Augenblicke der Erschöpfung könnten sich melden – Schlangen der Reue könnten Ihren Busen anfallen, und nun – – welche Folter für Sie, im Gesicht Ihres Dienstmädchens die heitre Ruhe zu lesen, womit die Unschuld ein reines Herz zu belohnen pflegt. [...] Ich fürchte Ihre Rache nicht, Lady – Die arme Sünderin auf dem berüchtigten Henkerstuhl lacht zum Weltuntergang. – Mein Elend ist so hoch gestiegen, daß selbst Aufrichtigkeit es nicht mehr vergrößern kann. *Nach einer Pause, sehr ernsthaft.* Sie wollen mich aus dem Staub meiner Herkunft reißen. Ich will sie nicht zergliedern, diese verdächtige Gnade. Ich will nur fragen, was Mylady bewegen konnte, mich für die Törin zu halten, die über ihre Herkunft errötet? Was sie berechtigen konnte, sich zur Schöpferin meines Glücks aufzuwerfen, ehe sie noch wußte, ob ich mein Glück auch von ihren Händen empfangen wolle? – Ich hatte meinen ewigen Anspruch auf die Freuden der Welt zerrissen. Ich hatte dem Glück seine Übereilung vergeben – Warum mahnen Sie mich aufs neu an dieselbe? – Wenn selbst die Gottheit dem Blick der Erschaffenen ihre Strahlen verbirgt, daß nicht ihr oberster Seraph vor seiner Verfinsterung zurückschaure – warum wollen Menschen so grausambarmherzig sein? – Wie kommt es, Mylady, daß Ihr gepriesenes Glück das Elend so gern um Neid und Bewunderung anbettelt? – Hat Ihre Wonne die Verzweiflung so nötig zur Folie? – O lieber! so gönnen Sie mir doch eine Blindheit, die mich allein noch mit meinem barbarischen Los versöhnt – Fühlt sich doch das Insekt in einem Tropfen Wassers so selig, als wär es ein Himmelreich, so froh und so selig, bis man ihm von einem Weltmeer erzählt, worin Flotten und Walfische spielen! – – Aber glücklich wollen Sie mich ja wissen? *Nach einer Pause plötzlich zur Lady hintretend und mit Überraschung sie fragend.* Sind Sie glücklich, Mylady? *Diese verläßt sie schnell und betroffen, Luise folgt ihr und hält ihr die Hand vor den Busen.* Hat dieses Herz auch die lachende Gestalt Ihres Standes? Und wenn wir jetzt Brust gegen Brust und Schicksal gegen Schicksal auswechseln sollten – und wenn ich in kindlicher Unschuld – und wenn ich auf Ihr Gewissen – und wenn ich als meine Mutter Sie fragte – würden Sie mir wohl zu dem Tausche raten?

Friedrich Schiller (1759 – 1805)
Die Jungfrau von Orleans
Romantische Tragödie
Uraufführung: 11. 9. 1801, Theater am Ranstädter Tor, Leipzig

16 Johanna d'Arc
Szene: Prolog, 4. Auftritt
Ort: Eine ländliche Gegend

»Stanze, dich schuf die Liebe, die zärtlich schmachtende – dreimal fliehest du schamhaft und kehrst dreimal verlangend zurück.« – so Schiller über die Stanze, eine Strophenform, in der alle Strophen bis auf die erste in Johannas Monolog gehalten sind. Das Hirtenmädchen nimmt Abschied von der Heimat, nachdem sie eine Vision hatte: Als Auserwählte soll sie Frankreich Ehre und Frieden wieder verschaffen. Sie verspürt, dass es ein schmerzlicher Verlust werden wird, dass sie die Verbundenheit mit Heimat und Familie nicht ausklammern kann, sondern opfern muss. Tiefe Religiosität und absolutes Sendungsbewusstsein, aber auch die Unsicherheit und die Angst vor der neuen Situation spielen eine Rolle. Dies illustriert die lyrische Form, die hier die Herausgehobenheit der Situation verdeutlicht. Johanna muss sich selbst entsagen, sie verliert ihre »geliebten Triften« und »traulich stillen Täler« ebenso wie ihr Frau-Sein und ihre Natürlichkeit als Mensch. Kunstvoll von Schiller gestaltet, besitzt dieser Monolog eine melancholische Tiefe, die weit in die Abwandlung von einem traditionellen Frauenbild blicken lässt. Auch wenn Johanna keine Penthesilea oder Lady Macbeth ist, wird sie doch viele Grenzen sprengen.

JOHANNA *allein.*
Lebt wohl ihr Berge, ihr geliebten Triften,
Ihr traulich stillen Täler lebet wohl!
Johanna wird nun nicht mehr auf euch wandeln,
Johanna sagt euch ewig Lebewohl.
Ihr Wiesen, die ich wässerte! Ihr Bäume,
Die ich gepflanzet, grünet fröhlich fort!
Lebt wohl, ihr Grotten und ihr kühlen Brunnen!
Du Echo, holde Stimme dieses Tals,
Die oft mir Antwort gab auf meine Lieder,
Johanna geht und nimmer kehrt sie wieder!

Ihr Plätze alle meiner stillen Freuden,
Euch laß ich hinter mir auf immerdar!
Zerstreuet euch, ihr Lämmer auf der Heiden,
Ihr seid jetzt eine hirtenlose Schar,

Denn eine andre Herde muß ich weiden,
Dort auf dem blutgen Felde der Gefahr,
So ist des Geistes Ruf an mich ergangen,
Mich treibt nicht eitles, irdisches Verlangen.

Denn der zu Mosen auf des Horebs Höhen
Im feurgen Busch sich flammend niederließ,
Und ihm befahl, vor Pharao zu stehen,
Der einst den frommen Knaben Isais,
Den Hirten, sich zum Streiter ausersehen,
Der stets den Hirten gnädig sich bewies,
Er sprach zu mir aus dieses Baumes Zweigen:
»Geh hin! Du sollst auf Erden für mich zeugen.

In rauhes Erz sollst du die Glieder schnüren,
Mit Stahl bedecken deine zarte Brust,
Nicht Männerliebe darf dein Herz berühren
Mit sündgen Flammen eitler Erdenlust,
Nie wird der Brautkranz deine Locke zieren,
Dir blüht kein lieblich Kind an deiner Brust,
Doch werd ich dich mit kriegerischen Ehren,
Vor allen Erdenfrauen dich verklären.

Denn wenn im Kampf die Mutigsten verzagen,
Wenn Frankreichs letztes Schicksal nun sich naht,
Dann wirst du meine Oriflamme tragen
Und wie die rasche Schnitterin die Saat,
Den stolzen Überwinder niederschlagen,
Umwälzen wirst du seines Glückes Rad,
Errettung bringen Frankreichs Heldensöhnen,
Und Reims befrein und deinen König krönen!«

Ein Zeichen hat der Himmel mir verheißen,
Er sendet mir den Helm, er kommt von ihm,
Mit Götterkraft berühret mich sein Eisen,
Und mich durchflammt der Mut der Cherubim,
Ins Kriegsgewühl hinein will es mich reißen,
Es treibt mich fort mit Sturmes Ungestüm,
Den Feldruf hör ich mächtig zu mir dringen,
Das Schlachtroß steigt und die Trompeten klingen.

Heinrich von Kleist (1777–1811)
Der zerbrochne Krug
Lustspiel
Uraufführung: 2. 3. 1808, Hoftheater Weimar

17 **Frau Marthe**

Szene: 7. Szene (V. 648-674)
Ort: Gerichtssaal in einem niederländischen Dorfe bei Utrecht

Selten stand ein Aufbewahrungsgegenstand so im Interesse wie hier, und selten war er von so großer Bedeutung für die Welt und den Kosmos wie hier. Der Frau Marthe wurde ein Krug zerbrochen – von wem: darum steht man vor Gericht. Der Ruprecht soll es gewesen sein, der Verlobte ihrer Tochter Eve, bei einem nächtlichen Stelldichein – verbotenerweise – in Eves Kammer. Doch Ruprecht bestreitet, den Krug zerbrochen zu haben, weiß, ein anderer war bei seiner Versprochenen, Eve aber schweigt. Unglücklicherweise ist Richter Adam am Tag der Gerichtsverhandlung missvergnügt, da der Gerichtsrat Walter seine Unfähigkeit aufdeckt und es so scheint, als habe er selbst etwas mit dem Fall zu tun. Eine verzwickte Geschichte also. Dass es hier um mehr als um ein irdenes Gefäß geht, wird spätestens dann deutlich, wenn Frau Marthe von dem Krug erzählt und seine Wichtigkeit eindringlich schildert – doch sie scheint die Einzige zu sein, der es wirklich um den Krug geht. Nur wer ihn zerbrochen hat, das ist für sie interessant, alles Weitere wird sich finden. So muss sie schließlich, wenn schon längst klar ist, wer der Übeltäter war, noch nach Utrecht appellieren, denn noch konnte kein Richter ein Urteil fällen und »Soll hier dem Kruge nicht sein Recht geschehn?«

Dieser Monolog ist der Dreh- und Angelpunkt einer der weltweit meistgespielten deutschen Komödien – absoluter Kult für jedes komödiantische Talent.

> FRAU MARTHE
> [...]
> Der Krüge schönster ist entzweigeschlagen.
> Hier grade auf dem Loch, wo jetzo nichts,
> Sind die gesamten niederländischen Provinzen
> Dem span'schen Philipp übergeben worden.
> Hier im Ornat stand Kaiser Karl der Fünfte:
> Von dem seht ihr nur noch die Beine stehn.
> Hier kniete Philipp, und empfing die Krone:
> Der liegt im Topf, bis auf den Hinterteil,
> Und auch noch der hat einen Stoß empfangen.
> Dort wischten seine beiden Muhmen sich,
> Der Franzen und der Ungarn Königinnen,
> Gerührt die Augen aus; wenn man die eine
> Die Hand noch mit dem Tuch empor sieht heben,
> So ist's, als weinete sie über sich.
> Hier im Gefolge stützt sich Philibert,
> Für den den Stoß der Kaiser aufgefangen,
> Noch auf das Schwert; doch jetzo müßt er fallen,

So gut wie Maximilian: der Schlingel!
Die Schwerter unten jetzt sind weggeschlagen.
Hier in der Mitte, mit der heil'gen Mütze,
Sah man den Erzbischof von Arras stehn;
Den hat der Teufel ganz und gar geholt,
Sein Schatten nur fällt lang noch übers Pflaster.
Hier standen rings, im Grunde, Leibtrabanten,
Mit Hellebarden, dicht gedrängt, und Spießen,
Hier Häuser, seht, vom großen Markt zu Brüssel,
Hier guckt noch ein Neugier'ger aus dem Fenster:
Doch was er jetzo sieht, das weiß ich nicht.
[...]
Den Krug erbeutete sich Childerich,
Der Kesselflicker, als Oranien
Briel mit den Wassergeusen überrumpelte.
Ihn hatt ein Spanier, gefüllt mit Wein,
Just an den Mund gesetzt, als Childerich
Den Spanier von hinten niederwarf,
Den Krug ergriff, ihn leert', und weiter ging.
[...]
Hierauf vererbte
Der Krug auf Fürchtegott, den Totengräber;
Der trank zu dreimal nur, der Nüchterne,
Und stets vermischt mit Wasser aus dem Krug.
Das erstemal, als er im Sechzigsten
Ein junges Weib sich nahm; drei Jahre drauf,
Als sie noch glücklich ihn zum Vater machte;
Und als sie jetzt noch funfzehn Kinder zeugte,
Trank er zum dritten Male, als sie starb.
[...]
Drauf fiel der Krug
An den Zachäus, Schneider in Tirlemont,
Der meinem sel'gen Mann, was ich euch jetzt
Berichten will, mit eignem Mund erzählt.
Der warf, als die Franzosen plünderten,
Den Krug, samt allem Hausrat, aus dem Fenster,
Sprang selbst, und brach den Hals, der Ungeschickte,
Und dieser irdne Krug, der Krug von Ton,
Aufs Bein kam er zu stehen, und blieb ganz.
[...]
Drauf in der Feuersbrunst von sechsundsechzig,
Da hatt ihn schon mein Mann, Gott hab ihn selig –

[...]
Nichts ist dem Krug, ich bitt euch sehr, ihr Herren,
Nichts Anno sechsundsechzig ihm geschehen.
Ganz blieb der Krug, ganz in der Flammen Mitte,
Und aus des Hauses Asche zog ich ihn
Hervor, glasiert, am andern Morgen, glänzend,
[...]
Nun diesen Krug jetzt seht – den Krug,
Zertrümmert einen Krug noch wert, den Krug
Für eines Fräuleins Mund, die Lippe selbst
Nicht der Frau Erbstatthalterin zu schlecht,
Den Krug, ihr hohen Herren Richter beide,
Den Krug hat jener Schlingel mir zerbrochen.

Heinrich von Kleist (1777 – 1811)
Penthesilea
Trauerspiel
Uraufführung: 25. 5. 1876, Königliches Schauspielhaus, Berlin

18   Penthesilea
Szene: 5. Szene (V.841-874)
Ort: Schlachtfeld bei Troja

Das Gesetz des Frauenstaates, dem Penthesilea als Königin vorsteht, ist unerbittlich: Als Tribut an die raue Vorzeit sollen die kriegerischen Frauen der Amazonen sich im Kampf einen Mann erbeuten, mit dem sie das Liebesfest feiern und ihn dann freilassen. Diesen Mann, so das Gesetz, bestimmt das Schicksal der Schlacht allein und nicht der eigene Wille. Penthesilea jedoch fühlt sich von Achill, dem strahlendsten Helden der Griechen vor Troja, angezogen – und er sich von ihr –, so dass sie das Gesetz in den Wind zu schlagen versucht und damit den Untergang des Frauenstaates heraufbeschwört. Als Achill sich naht, verdeutlicht Penthesilea ihre Ansprüche auf diesen so glorreichen Helden und ahnt nicht, dass ihre Verbindung mit Achill in ihrer beider Tod enden wird.

Diese von Wildheit, Exzessivität und Leidenschaftlichkeit geprägte Figur stößt die Zeitgenossen vor den Kopf. Von einer Anti-Iphigenie ist die Rede, und in der Tat: Penthesilea verkörpert ein Frauenbild, das nicht nur für das 19. Jahrhundert fremd und gefährlich war, sondern auch heute noch für Irritationen sorgt.

PENTHESILEA
Er naht – Wohlauf, ihr Jungfraun, denn zur Schlacht! –
Reicht mir der Spieße treffendsten, o reicht
Der Schwerter wetterflammendstes mir her!
Die Lust, ihr Götter, müßt ihr mir gewähren,
Den einen heißersehnten Jüngling siegreich

Zum Staub mir noch der Füße hinzuwerfen.
Das ganze Maß von Glück erlaß ich euch,
Das meinem Leben zugemessen ist. –
Asteria! Du wirst die Scharen führen.
Beschäftige den Griechentroß und sorge
Daß sich des Kampfes Inbrunst mir nicht störe.
Der Jungfraun keine, wer sie immer sei,
Trifft den Peliden selbst! Dem ist ein Pfeil
Geschärft des Todes, der sein Haupt, was sag ich!
Der seiner Locken eine mir berührt!
Ich nur, ich weiß den Göttersohn zu fällen.
Hier dieses Eisen soll, Gefährtinnen,
Soll mit der sanftesten Umarmung ihn
(Weil ich mit Eisen ihn umarmen muß!)
An meinen Busen schmerzlos niederziehn.
Hebt euch, ihr Frühlingsblumen, seinem Fall,
Daß seiner Glieder keines sich verletze.
Blut meines Herzens mißt ich ehr, als seines.
Nicht eher ruhn will ich, bis ich aus Lüften,
Gleich einem schöngefärbten Vogel, ihn
Zu mir herabgestürzt; doch liegt er jetzt
Mit eingeknickten Fittichen, ihr Jungfraun,
Zu Füßen mir, kein Purpurstäubchen missend,
Nun dann, so mögen alle Seligen
Daniedersteigen, unsern Sieg zu feiern,
Zur Heimat geht der Jubelzug, dann bin ich
Die Königin des Rosenfestes euch! – Jetzt kommt! –

Friedrich Hebbel (1813–1863)
Die Nibelungen (Kriemhilds Rache)
Ein deutsches Trauerspiel in drei Abteilungen
Uraufführung: 31.1.1861 (1. und 2. Teil), 18.5.1861 (3. Teil), Großherzogliches Hoftheater Weimar. Leitung: Franz von Dingelstedt

19 Kriemhild
Szene: 1. Akt, 6. und 7. Szene (V.3156-3234)
Ort: Worms. Großer Empfangs-Saal

Ein ungeheuerliches Verbrechen ist begangen worden. Siegfried, der für Gunther, den König der Burgunden, um die schöne Brünhild warb und dafür dessen Schwester Kriemhild zur Frau erhielt, wurde hinterrücks ermordet. Der Täter steht fest: Gunthers Gefolgsmann Hagen von Tronje im Auftrag des Königs selbst. Das Motiv: Siegfried wird zu gefährlich, zu mächtig, er weiß zu viel. Dass es hier nicht um einen gewöhnlichen Mord aus niederen Beweggründen geht, wird auch bei Hebbel, der das mittelalterliche Epos im 19. Jahrhundert in eine tragische Trilogie goss, schnell deutlich. Die Treue und Loyalität zwischen Vertrauten ist keine Norm, die in Frage gestellt werden kann, ein Vergehen gegen sie ist ein Vergehen gegen die Grundregeln des menschlichen Zusammenlebens überhaupt. So muss dieser gewaltigen Tat gewaltig entgegnet werden. Es geht um Blutrache: Alle Burgunden müssen umgebracht werden.

Nach Siegfrieds Tod heiratet seine Witwe Kriemhild den werbenden Hunnenkönig Etzel nur zu diesem Zweck: Mit seinem riesigen Heer soll es ihr gelingen, ihre Pläne umzusetzen. Was sie in dem hier abgedruckten Monolog noch symbolisch formuliert, wird bald zur Wirklichkeit werden: »So färbe du, o Erde, / Dich überall, wie dich der grause Mord / Bei den Burgunden färbte! Tauche dich / In dunkles Rot!«. Nach der Todesorgie auf der Etzelsburg rinnen Ströme von Blut über das Land. Kriemhild hat ihre Rache vollendet.

KRIEMHILD
[Heut] ist ein großer Tag
Für die gekommen, welche schweres Unrecht
Erlitten haben, und als Königin
Von allen, welche Leid im Lande tragen,
Bin ich die erste, die vor dir erscheint
Und Klage über Hagen Tronje ruft.
[...]
Der Rabe, der im Wald
Den öden Platz umflattert, wos geschah,
Hört nimmer auf, zu kreisen und zu krächzen,
Bis er den Rächer aus dem Schlaf geweckt.
Wenn er das Blut der Unschuld fließen sah,
So findet er die Ruh nicht eher wieder,
Bis das des Mörders auch geflossen ist.
Soll mich ein Tier beschämen, das nicht weiß,
Warum es schreit, und dennoch lieber hungert,
Als seine Pflicht versäumt? Mein Herr und König,

Ich rufe Klage über Hagen Tronje,
Und Klage werd ich rufen bis zum Tod.
[...]
Ich bins ja nicht allein, die Klage ruft,
Es ruft das ganze Land mit mir, das Kind
Braucht seinen ersten Odemzug dazu,
Der Greis den letzten, Bräutigam und Braut
Den köstlichsten, du wirst es schaudernd sehn,
Wenns dir gefällt, sie vor den Thron zu laden,
Daß jedes Alter, jeder Stand erscheint.
Denn, wie die brechend-schwere Donnerwolke,
Hängt diese Blutschuld über ihnen allen
Und dräut mit jedem Augenblicke mehr.
Die schwangern Weiber zittern, zu gebären,
Weil sie nicht wissen, ob kein Ungeheuer
In ihrem Mutterschoß heran gereift,
Und daß uns Sonn und Mond noch immer leuchten,
Gilt manchem schon als Wunder der Natur.
Wenn du dein königliches Amt versäumst,
So könnten sie zur Eigenhülfe greifen,
Wie's einst geschah, bevors noch Kön'ge gab,
Und wenn sich alle wild zusammenrotten,
So dürften sie, da du nun einmal fürchtest,
Noch fürchterlicher, als der Tronjer, sein!
[...]
So färbe du, o Erde,
Dich überall, wie dich der grause Mord
Bei den Burgunden färbte! Tauche dich
In dunkles Rot! Wirfs ab, das grüne Kleid
Der Hoffnung und der Freude! Mahne alles,
Was lebt, an diese namenlose Tat,
Und bringe, da man mir die Sühne weigert,
Sie vor das ganze menschliche Geschlecht.
[...]
Er fürchtet sich! Er fürchtet Hagen Tronje,
Und Hagen Tronje, hör ich, fürchtet mich! –
Du könntest Grund erhalten! Mag die Welt
Mich anfangs schmähn, sie soll mich wieder loben,
Wenn sie das Ende dieser Dinge sieht!

Ferdinand Raimund (1790 – 1836)
Der Alpenkönig und der Menschenfeind
Romantisch-komisches Original-Zauberspiel
Vertonung: Wenzel Müller
Uraufführung: 17.10.1828, Theater in der Leopoldstadt, Wien

20 Lischen, Kammermädchen
Szene: 1. Aufzug, 19. Auftritt
Ort: Ein kurzes Zimmer in Rappelkopfs Hause. In der Mitte ein großer Spiegel.

Lischen konnte sich gerade mal wieder von der Unbeständigkeit der Liebe überzeugen. Zwar ist nicht ihre eigene Liebe betroffen, sondern ihr Hausherr Rappelkopf hat die Flucht ergriffen. Ein Menschenfeind ist dieser, unterstellt allen nur die schlechtesten Absichten und sieht überall nur die scheinbare Abneigung der anderen ihm gegenüber. Im Glauben, man wolle ihn töten, hat er in Wut das Haus verlassen: Weitab der Menschheit will er ruhig leben. Und Lischen darf aufräumen, nützt aber in einer Ariette (kleine Arie) die Gelegenheit, zu reflektieren: wenn sie als Mann geboren wäre ...

LISCHEN *allein*.
Und ich werde mich in des gnädgen Herrn Zimmer verfügen und mich in den zerbrochenen Spiegel schauen, ob ich meine ganze Schönheit noch besitze. Dann werde ich die zerrissenen Liebesbriefe zusammenkehren und diese mit Füßen getretenen Empfindungen ganz langsam in den Kamin hineinschaufeln. So sind die Männer, ihre Liebesschwüre sind lauter Wechsel an die Ewigkeit, in diesem Leben zahlt sie keiner aus. Wenn ich wieder auf die Welt komme, so werde ich ein Mann und will gar keine von meinen jetzigen Eigenschaften behalten als die Eroberungskunst.

Ariette:
Ach, wenn ich nur kein Mädchen wär,
Das ist doch recht fatal,
So ging' ich gleich zum Militär
Und würde General.
Oh, ich wär gar ein tapfrer Mann,
Bedeckte mich mit Ruhm!
Doch ging die Kanonade an,
So machte ich rechtsum.

Nur wo ich schöne Augen säh,
Da schöß ich gleich drauf hin.
Dann trieb' ich vorwärts die Armee
Mit wahrem Heldensinn.

Da flögen Blicke hin und her,
So feurig wie Granaten.
Ich sprengte vor der Fronte her,
Ermutigt' die Soldaten.

Ihr Krieger, schrie' ich, gebt nicht nach!
Zum Sieg sind wir geboren,
Wird nur der linke Flügel schwach,
Aufs Herz zeigend.
So ist der Feind verloren.
So würde durch Beharrlichkeit
Am End der Preis errungen
Und Hymens Fahn in kurzer Zeit
Von Amors Hand geschwungen.

Dann zög ich ein mit Sang und Spiel,
Die Mannschaft paradierte.
Wär auch der Lorbeer nicht mein Ziel,
So schmückte mich die Myrte.
So nützte ich der Kriegskunst Gab,
Eroberte – ein Täubchen.
Dann dankt ich die Armee schnell ab
Und blieb' bei meinem Weibchen.

Rainer Maria Rilke (1875 – 1926)
Die weiße Fürstin
Entstanden 1898, hier in der Fassung letzter Hand 1904

21 Die weiße Fürstin

Ort: Eine fürstliche Villa gegen Ende des 16. Jahrhunderts

Rilke als Dramatiker? Wohl: In seiner Jugend versuchte er sich auch an diesem Genre, woraus das eindrucksvolle Fragment *Die weiße Fürstin* hervorgegangen ist. Gewiss dem Symbolismus zuzurechnen, bietet es eine ungeheure und rätselhafte Tiefe, die über die Traum- und Zaubersphäre hinausgeht. Im Kern geht es aber um ein geheimes Treffen, das die weiße Fürstin mit ihrem Geliebten plant. Im hier abgedruckten Monolog spricht sie von ihrem Ehemann, wobei sie eingehende Bilder für starke Emotionen findet. Rilkes Text ist von hoher Fragilität und beeindruckendem Stil geprägt. Seine verschlungenen Verspfade sind wie ein lebendiger Organismus, der von Interpretation zu Interpretation verschieden ist und ein seltsames Eigenleben entwickelt.

Mut ist hier gefordert, allein deswegen, weil das Stück in den Versenkungen von Bibliotheken verschwunden ist. Dennoch aber ist der hier abgedruckte Monolog, ein nahezu musikalischer Text, wie fast kein zweiter geeignet, Emotionen in Körper/Sprache umzusetzen und Bilder wie Gefühle aus sich herausströmen zu lassen.

DIE WEISSE FÜRSTIN
Er lag bei mir.
Sie erhebt sich; Monna Lara tritt scheu vor ihr zurück.
Wenn abends die Musik
ihn sänftigte, so daß er nichts verlangte,
so bot ich ihm mein Bett. Sein Auge dankte
mir lange. Seine harte Lippe schwieg.
So schlief er ein. Und mir war gar nicht bange.
Nachts saß ich manchmal auf und sah ihn an,
die scharfe Falte zwischen seinen Brauen,
und sah: jetzt träumte er von andern Frauen
(vielleicht von jener blonden Loredan,
die ihn so liebte) – träumte nicht von mir.
Da war ich frei. Da sah ich stundenlang
fort über ihn durch hohe Fensterbogen:
das Meer, wie Himmel, weit und ohne Wogen,
und etwas Klares, welches langsam sank;
was keiner sieht und sagt: Monduntergang.
Dann kam ein frühes Fischerboot gezogen
im Raum und lautlos wie der Mond. Das Ziehn
von diesen beiden schien mir so verwandt.
Mit einem senkte sich der Himmel näher,
und durch das andre ward die Weite weit.
Und ich war wach und frei und ohne Späher
und eingeweiht in diese Einsamkeit.
Mir war, als ginge dieses von mir aus,
was sich so traumhaft durch den Raum bewegte.
Ich streckte mich, und wenn mein Leib sich regte,
entstand ein Duft und duftete hinaus.
Und wie sich Blumen geben an den Raum,
daß jeder Lufthauch mit Geruch beladen
von ihnen fortgeht, – gab ich mich in Gnaden
meinem Geliebten in den Traum.
Mit diesen Stunden hielt ich ihn.
Pause.
Es gab
auch andre Stunden, da ich ihn verlor.
Wenn ich drin wachte und *er* stand davor,
vielleicht bereit, die Türe einzudrücken, –

dann war ich Grab: Stein unter meinem Rücken
und selber hart wie eine Steinfigur.
Wenn meine Züge einen Ausdruck hatten,
so war das nur der Ampel Schein und Schatten
auf einer inhaltlosen Meißelspur.
So lag ich, Bild von einer, welche war,
auf meines Lagers breitem Sarkophage,
und die Sekunden gingen: Jahr und Jahr.
Und unter mir und in derselben Lage
lag meine Leiche welk in ihrem Haar.

Hugo von Hofmannsthal (1874 – 1929)
Der Tor und der Tod

Uraufführung: 13. 11. 1898, Theater am Gärtnerplatz, München (erschienen 1893)

22 **Das junge Mädchen, eine Geliebte des Claudio**
Ort: Studierzimmer des Claudio

Der personifizierte Tod sucht den Edelmann Claudio auf. Zu den Klängen seiner Geige soll der Sterbende mit ihm gehen. Hofmannsthal variiert in seinem frühen Werk das Motiv des Totentanzes. Die Melodie des Todes bringt Claudios Leben zum Vorschein; es »strömt von den alten, stillen Mauern / [...] flutend und verklärt herein.« Im Gefolge des Todes sind Personen aus dem Leben des Sterbenden: seine Mutter, seine Geliebte und ein Jugendfreund – allesamt tot. Sie rekapitulieren monologisch ihre Beziehung zu Claudio, einem Toren, der den Kern des Lebens nicht zu fassen vermochte. Nur immer auf sich verwiesen, konnte er keine lebendige Beziehung aufbauen. Die Liebesbriefe an die Geliebte waren ein »Tausch von Schein und Worten leer«. »Ohn' Sinn, ohn' Glück, ohn' Schmerz, ohn' Lieb, ohn' Haß« – völlig emotionslos war sein Leben.

Erst jetzt im Sterben fühlt und ehrt er das Leben. Die Figuren aus seiner Vergangenheit lösen Sehnsucht und »unendliches Bedauern« aus. Der Tod mit seiner Fidel wird ihm zum späten Lehrmeister.

Der Tod [...] spielt die Melodie eines alten Volksliedes. Langsam tritt ein junges Mädchen ein; sie trägt ein einfaches, großgeblümtes Kleid, Kreuzbandschuhe, um den Hals ein Stückchen Schleier, bloßer Kopf.

DAS JUNGE MÄDCHEN
Es war doch schön ... Denkst du nie mehr daran?
Freilich, du hast mir weh getan, so weh ...
Allein was hört denn nicht in Schmerzen auf?
Ich hab so wenig frohe Tag' gesehn,
Und die, die waren schön als wie ein Traum!
Die Blumen vor dem Fenster, meine Blumen,

Das kleine, wacklige Spinett, der Schrank,
In den ich deine Briefe legte und
Was du mir etwa schenktest ... alles das
– Lach mich nicht aus – das wurde alles schön
Und redete mit wachen, lieben Lippen!
Wenn nach dem schwülen Abend Regen kam
Und wir am Fenster standen – ah, der Duft
Der nassen Bäume! – Alles das ist hin,
Gestorben, was daran lebendig war!
Und liegt in unsrer Liebe kleinem Grab.
Allein es war so schön, und du bist schuld,
Daß es so schön war. Und daß du mich dann
Fortwarfest, achtlos grausam, wie ein Kind,
Des Spielens müd, die Blumen fallen läßt ...
Mein Gott, ich hatte nichts, dich festzubinden.
Kleine Pause.
Wie dann dein Brief, der letzte, schlimme, kam,
Da wollt' ich sterben. Nicht um dich zu quälen,
Sag ich dir das. Ich wollte einen Brief
Zum Abschied an dich schreiben, ohne Klag,
Nicht heftig, ohne wilde Traurigkeit;
Nur so, daß du nach meiner Lieb' und mir
Noch einmal solltest Heimweh haben und
Ein wenig weinen, weil's dazu zu spät.
Ich hab dir nicht geschrieben. Nein. Wozu?
Was weiß denn ich, wieviel von deinem Herzen
In all dem war, was meinen armen Sinn
Mit Glanz und Fieber so erfüllte, daß
Ich wie im Traum am lichten Tage ging.
Aus Untreu' macht kein guter Wille Treu',
Und Tränen machen kein Erstorbnes wach.
Man stirbt auch nicht daran. Viel später erst,
Nach langem, ödem Elend durft' ich mich
Hinlegen, um zu sterben. Und ich bat,
In deiner Todesstund' bei dir zu sein.
Nicht grauenvoll, um dich zu quälen nicht,
Nur wie wenn einer einen Becher Wein
Austrinkt und flüchtig ihn der Duft gemahnt
An irgendwo vergeßne leise Lust.

Sie geht ab.

Frank Wedekind (1864 – 1918)
Die Büchse der Pandora
Tragödie in drei Aufzügen und einem Prolog
Uraufführung: 1. 2. 1904, Intimes Theater, Nürnberg

23 **Gräfin Geschwitz, Malerin**
Szene: 3. Akt
Ort: Eine Dachkammer

Die beiden Stücke *Erdgeist* und *Die Büchse der Pandora* werden von Wedekind unter dem Obertitel Lulu zusammengefasst. Lulu sei, so der Tierbändiger im Prolog zum *Erdgeist*, ein Tier, »geschaffen, Unheil anzustiften, / Zu locken, zu verführen, zu vergiften – / Zu morden, ohne daß es einer spürt.« Lulus Schönheit zieht Verehrer an und stürzt sie in den Tod. Vor Eifersucht trifft so den einen der Schlag, ein anderer wählt den Suizid. An der Seite Dr. Schöns – des Mannes, den sie als einzigen liebt – hält sich Lulu eine Riege an Liebhabern, füllt seinen Salon mit Gaunern und ruiniert seinen Ruf. Auch die lesbische Gräfin Geschwitz verehrt sie. Als Dr. Schön Lulu auffordert, sich selbst zu töten und somit der unerträglichen Situation ein Ende zu setzen, erschießt sie ihn.
Der Geschwitz gelingt es, Lulu aus dem Gefängnis zu befreien – unter Verlust ihres Vermögens und ihrer Freiheit: Die Gräfin geht für sie ins Zuchthaus. Auch sie wird Opfer Lulus. Wieder in Freiheit, kommt sie nicht von ihrem »Stern« los und reist ihr hinterher nach Paris, wo sie dem luxuriösen Lebensstil Lulus ihr restliches Vermögen opfert und, um ihrer Angebeteten erneut die Flucht zu ermöglichen, sich prostituiert. Die Geschwitz ist am untersten Rand der Gesellschaft angekommen. Unbezähmbar, unersättlich erscheint Lulu, Dämon weiblicher Sexualität, und bleibt dabei selbst immer Opfer einer männlichen Gesellschaft: Sie sucht vergebens nach Liebe. Als Dirne lebt sie inzwischen in den Londoner Slums. Die aufopfernde Hingabe der Geschwitz bleibt aber auch hier unerwidert, und so beschließt sie ihren Suizid. Als dieser scheitert, fleht die Gräfin um Erbarmen vor einem Gemälde Lulus. »Armes Tier!«, so weiß Lulus Freier Jack the Ripper die Gräfin zu bezeichnen. Er wird im Folgenden der Geschwitz ein Messer in den Leib rennen und Lulu töten. Die letzten Worte der sterbenden Gräfin preisen Lulu nochmals als »Engel«.

DIE GESCHWITZ *allein, läßt den Revolver sinken.*
Lieber erhängen! – Wenn sie mich heute in meinem Blute liegen sieht, weint sie mir keine Träne nach. Ich war ihr immer nur das gefügige Werkzeug, das sich zu den schwierigsten Arbeiten gebrauchen ließ. Sie hat mich vom ersten Tage an aus tiefster Seele verabscheut. – Springe ich nicht lieber von der Brücke hinunter? Was mag kälter sein, das Wasser oder ihr Herz? – Ich würde träumen, bis ich ertrunken bin. – – Lieber erhängen! – – Erstechen? – Hm, es kommt nichts dabei heraus. – – Wie oft träumte mir, daß sie mich küßt! Noch eine Minute nur; da klopft eine Eule ans Fenster, und ich erwache. – – Lieber erhängen! Nicht ins Wasser; das Wasser ist zu rein für mich. *Plötzlich auffahrend.* Da! – Da! Da ist es! – Rasch noch, bevor sie kommt! *Sie nimmt den Plaidriemen von der Wand, steigt auf den Sessel, befestigt den Riemen an einem Haken, der im Türpfosten steckt, legt sich den Riemen um den Hals, stößt mit*

den Füßen den Stuhl um und fällt zur Erde. – –Verfluchtes Leben! – Verfluchtes Leben! – – Wenn es mir noch bevorstände? – Laß mich einmal nur zu deinem Herzen sprechen, mein Engel! Aber du bist kalt! – Ich soll noch nicht fort! Ich soll vielleicht auch einmal glücklich gewesen sein. – Höre auf ihn, Lulu; ich soll noch nicht fort! – *Sie schleppt sich vor Lulus Bild, sinkt in die Knie und faltet die Hände.* Mein angebeteter Engel! Mein Lieb! Mein Stern! – Erbarm' dich mein, erbarm' dich mein, erbarm' dich mein!

Georg Heym (1887–1912)
Atalanta oder die Angst
Entstanden 1910/11

24 Atalanta Rucellai

Ort: Nacht, ein wenig erhelltes Zimmer. Ein Kruzifixus mit einer Lampe. Ein Vorhang durch die ganze Breite des Zimmers, dahinter das unsichtbare Brautbett.

Atalanta hat Angst vor ihrer Hochzeitsnacht: Sigismondo, der Bruder ihres Bräutigams, hatte gesagt, Bartolomeo verheirate sich und töte seine Frauen anschließend. Todesangst überfiel Atalanta und sie ließ sich von Sigismondo verführen. Im nassen Laub durfte dieser sie entjungfern, gemeinsam heckten sie einen Plan zur Ermordung Bartolomeos aus: Der Bruder soll ihn am Abend der Hochzeit erstechen.

Soeben hat Atalanta geheiratet; sie kann nun in ihrem Ehegemach ihre Angst nicht mehr verbergen und offenbart auf die drängenden Fragen ihres Gatten den Grund ihrer Angst. Dieser kann sie aber von den Lügen, von der Absurdität der Rede seines Bruders überzeugen. Dennoch zeigt sich jetzt erst das ganze Dilemma der Figur Atalantas: Wie den Mord verhindern? Atalanta ist unfähig zu handeln, unfähig, ihrem Mann die Verschwörung zu gestehen, unfähig, auch sich von Sigismondo loszusagen. Als Bartolomeo sie kurz allein lässt, um hinter den Gästen die Türen zu schließen, kann sie ihren Regungen und Gefühlen Ausdruck verleihen. In ihrer Zerrissenheit und Not wendet sie sich an einen Gott, an den sie eigentlich nicht mehr glaubt. Allein ihm gegenüber findet sie Worte und äußert Befehle, allein ihn klagt sie an: er solle handeln, da sie nicht handeln kann.

ATALANTA *allein:*
Da oben schläft ein Gott in seinen Sternen,
Er hat sich hinter Mondeswand gelegt.
Der hat gut schlafen. Ach, du alter Bettler.
Wirst du mir helfen! Ich bin so verzweifelt.
Du mußt aufwachen, wirst du wohl aufwachen.
Da hängt der Schächer an das Kreuz genagelt.
Du hast geschworen, unserm Leid zu helfen.
Du hast der Welten Leid dir aufgeladen.
Hier hast du meins. Du sollst es dir aufpacken.

Ich kann's nicht tragen, kann's nicht tragen mehr.
[...]
Wach auf, Gott, wenn es jemals Zeit für dich
Zu helfen war. Hier kannst du reichlich helfen.
Tu's doch. Ich will dir tausend Kirchen stiften,
Voll Priestern, Kerzen, Bildern, Meßgeräten,
Voll Fahnen, Kanzeln, Weihrauch, Altardecken,
Voll Tabernakeln, Gold und Spezerei,
Voll Orgeln, Pfeifen, Pauken, Tubaton,
Voll Stolen, Säulen, Chor und Litanein.
Ich will mit Prozessionen um dich ziehn,
Mit Gold und Purpur, meinen Rücken geißeln,
Das blutge Fleisch zu deinem Wohlgeruch.
Hilf mir nur heut, ich zahl dir täglich heim,
Mit tausend Zinsen zahle ich dich aus.
Du sollst umsonst nichts tun, so wahr ich knie
Verzweifelt hier vor dir und deinem Bild.
Bring aus dem Hause ihn. Laß auf der Treppe
Ihn niederbrechen, laß ihn stolpern doch.
Er möchte sich in einen Winkel hocken
Und in der Dunkelheit ihn niederstoßen.
O wär er aus dem Hause, wär er fort.
Hier kannst du wirklich etwas Gutes tun.
Bring aus dem Haus ihn fort. Was soll ich machen?
Ich bin ein Weib nur. Ach, ich habe Angst.
Wär ich ein Mann, ich würd ihn niederstoßen.
Ich kann nicht leben mehr vor Schmach, Angst, Grauen.
Doch fehlt mir auch zu sterben jeder Mut.
Sie umklammert mit beiden Fäusten das Kruzifix.
O gäbest du, daß aus dem Haus er kam.
O Gott, o Gott. O wär er aus dem Haus,
Und mit den Gästen aus dem Hause fort,
Mit ihnen aus dem Hause unerkannt.
O Gott, o großer Gott.

Klabund (1890–1928)
Der Kreidekreis
Spiel in 5 Akten nach dem Chinesischen
Uraufführung: 1.1.1925, Stadttheater Meißen

25 Haitang
Szene: 4. Akt
Ort: Schneesturmlandschaft. Man hört die Soldaten hinter der Szene singen.

Klabunds Dichtung folgt einem gleichnamigen chinesischen Stück von Li Hsing-tao aus dem 13. bzw. 14. Jahrhundert. Es ist die Geschichte Haitangs, eines sechzehnjährigen Mädchens. Von ihrer Mutter aus Geldnot in ein Bordell verkauft, lernt sie dort den Prinzen Pao sowie den Mandarin Ma kennen, der sie ehelicht. Seine Frau ersten Ranges, Yü-Pei, und deren Liebhaber töten Ma und wissen den Verdacht auf Haitang zu lenken. Yü-Pei, selbst kinderlos, behauptet zudem, Haitangs Sohn sei ihr Kind. Das Gericht bestätigt dies. Haitang, des Kindes beraubt und als Mörderin zum Tode verurteilt, weiß ihre Klage nun nur noch in den Schneesturm zu schreien.

Gerechtigkeit widerfährt ihr erst, als Pao, der neue Kaiser, einen Kreidekreis um das Kind ziehen lässt: »Die rechte Mutter wird die Kraft besitzen, / Den Knaben aus dem Kreis zu sich zu ziehen.« Yü-Pei reißt mit Gewalt den Knaben an sich, während Haitang ihren Sohn loslässt, um ihm kein Leid zuzufügen. An der Tat Haitangs erkennt Pao die wahre Mutter und entlarvt die Mörderin. Haitang selbst soll nun über Yü-Pei das Urteil sprechen; sie enthält sich, denn einem Menschen – selbst Fehler begehend – ziemte es nicht, zu richten. Der Kaiser, der sich als der wahre Vater des Kindes erweist, will Haitang ehelichen.

Klabunds Drama führte die fernöstliche Erzählung über den Kreidekreis in den abendländischen Kulturkreis ein. Der Stoff wurde mehrfach bearbeitet, so auch von Bertolt Brecht in *Der kaukasische Kreidekreis*.

HAITANG
Da kein Mensch mehr hört, will ich meine Klage in den Schneesturm schreien. Höre mich, Sturm! Ich klage es dir, Schnee! Ihr Sterne hinter den Wolken, lauscht! Und unter der Erde, ihr, die ihr den Winterschlaf schlaft: Maulwurf und Hamster und Kröte, ihr träumenden Dämonen auch, wacht auf! Es darf kein Schlaf und kein Traum sein, wenn einem Menschen Unrecht und Untat geschieht. Ihr Toten in den Särgen, angetan mit den Gewändern aus Brokat oder Sackleinewand, schüttelt eure schlotternden Glieder wie Pagodenglocken, daß sie klingen, daß sie zum Aufruhr läuten! Erhebt euch! Kommt über die weißen Felder gewandert wie weiße Ratten über den Schnee! Helft mir, die eure Schwester schon, und halb nur noch im Leben wandelt! Ich rufe euch, ihr Toten, zum Gericht über mich. In euch, die ihr allen Flitter der Welt abgeworfen, selbst euer Fleisch, ist kein Falsch. Ihr toten Mörder, kommt und sagt, ob ich gemordet! Ihr toten Lügner, kommt und sagt, ob ich log! Ihr toten Mütter, alle Mütter der Welt, schreit, ob ich mein Kind nicht mit Recht von den Räubern fordere! Seht doch, die Erde selbst trauert, sie hat ein

weißes Gewand angelegt mir zu Ehren – es schneit – es schneit – weiß – immer weißer – die Erde trägt eine Robe aus dem Fell weißer Schafe, und sie hat sich eine weiße Fuchspelzkappe über das Haupt gezogen. Wie der Schnee so weiß, wie der Mond so weiß, werden unsere Häupter einmal sein. Was ist das für ein weißer Kreis am Himmel, wie mit Kreide gezogen? Zwischen den Wolken, du mildes Angesicht des Mondes, blinke mir Hoffnung zu! Der Schnee fällt, Flocke um Flocke. Die Götter scheren ihre kleinen Lämmer. Meine Tränen fallen wie die Flocken. Wo meine Tränen in den Schnee fallen, färbt sich der Schnee rot. Ich weine Blut. Ich höre die Schreie der Raben in den Lüften. Ich sehe ihre Fußspuren im Schnee. Man sagt, die Schrift sei den Fußspuren der Vögel nachgebildet. Ich lese mein jämmerliches Schicksal im Schnee. Ach, selbst die Aasgeier bejammern mein Los. Unter der Eisdecke des Flusses ein Stöhnen. Es ist die Flußgöttin, sie seufzt über das Elend der Menschen. Ich bitte Euch, liebe Herren, nehmt Eure Schwerter und schlagt ein Loch in das Eis, und laßt mich in die nassen, kalten Fluten sinken, versinken! So eisig die Umarmung der Flußgöttin – sie wird wie Feuer brennen gegen die kalten Herzen der Menschen ...

Luigi Pirandello (1867–1936)
Heute abend wird aus dem Stegreif gespielt
Uraufführung: 25.1.1930, Königsberg

26 Mommina
Szene: 3. Teil des Spiels im Spiel

»Heute abend wird aus dem Stegreif gespielt«, so lautet die Ankündigung dieses Abends, der scheinbar nicht so recht beginnen will. Die Schauspieler protestieren hinter geschlossenem Vorhang, das Publikum wird mürrisch und beginnt zu grölen: »Was ist das für ein Skandal! Hat man so was schon gehört!«, »Vielleicht gehört das zum Stück.« Pirandello schreibt seinem Publikum die Worte in den Mund, oder sind diese Zuschauer etwa Schauspieler? Wann beginnt das Stück oder hat es bereits begonnen? Verwirrend ist dieser Abend, äußerst verwirrend. Die Grenze zwischen Theater und Realität ist durchlässig geworden. Wenn aber Theater und Wirklichkeit nicht mehr zu unterscheiden sind, ist dann nicht die Welt selbst Theater, ein großes Theater, auf dem wir agieren? Und was ist das, was wir auf der Bühne sehen, anderes als ein Theater auf dem Theater, auf dem hier wiederum Theater gespielt wird? Und zwar nach einer Novelle Pirandellos, so kündigt es der Regisseur Dr. Hinkfuß an. Im Zentrum dieser Geschichte steht Mommina, die Verri ehelicht und von ihm in seinem Haus eingesperrt ihre Kinder aufzieht. Einst liebte sie die Oper, sang zusammen mit ihrer Mutter und ihren Schwestern. Jetzt, so erfährt sie durch den heimlichen Besuch ihrer Verwandten, soll Totina, eine ihrer Schwestern, in ihrer Stadt gastieren. Auf einem Theaterzettel, in der Manteltasche Verris, bestätigt sich die Karriere ihrer Schwester: Sie singt in Verdis Troubadour. Und Mommina erklärt nun ihren Kindern, was das Theater ist. Diese Erzählung handelt aber zugleich von ihrem Leben, von ihrer Jugend, von nicht wahrgenommenen Möglichkeiten. Sie reist in ihrem Gefängnis zurück in die Zeiten, als sie noch frei war. Immer mehr steigert sie sich in die Erzählung hinein. Am Ende ihrer Darbietung wird Mommina tot zu Boden sinken – das Theater überwältigt das Leben.

Aus dem Stegreif wird diese Geschichte gespielt: Die Rollen sind in einem Szenar nur skizziert, die Szene wird improvisiert. Die Schauspieler, so fordert es Dr. Hinkfuß, sollen sich die Figuren zu eigen machen, sie sollen sie leben. Da überrascht es nicht, dass auch die Schauspielerin der Mommina am Ende ihres Vortrags von einer Herzattacke heimgesucht wird. »Ja, was Wunder!«, kommentiert eine Schauspielerin, »Wenn wir das leben sollen ... Das sind die Folgen! Aber dafür sind wir nicht da! Wir sind da, um Rollen zu spielen, geschriebene, auswendig gelernte Rollen.«

MOMMINA

[...] Das Theater, das Theater ... jetzt sage ich euch, was das ist ... da singt heute abend die Tante Totina ... Sie wird wer weiß wie schön sein, als Leonore ... *Sie versucht zu singen:* »Es glänzte schon das Sternenheer – der Zephir säuselt leise – der Mond strahlte ein Silbermeer – in sanfter Elfenweise.« – Seht ihr, ich kann auch singen. Ja, ja, ich kann auch singen, ich auch, ich hab immer gesungen, früher ... ich kann den ganzen Troubadour auswendig. Und ich singe ihn euch vor! Ich mache es euch vor, ich mach euch jetzt das Theater vor, ihr habt es ja nie gesehen, meine armen Kleinen, hier mit mir im Gefängnis! Setzt euch, setzt euch da vor mir hin, da, nebeneinander auf eure Stühle. Ich mache euch jetzt das Theater vor! Zuerst erzähle ich euch, wie es ist: *Sie setzt sich vor die beiden völlig benommenen Kinder, sie zittert am ganzen Leib, und ihre Erregung steigert sich immer mehr, bis plötzlich das Herz aussetzt und sie tot zusammenbricht.* Ein Saal, ein großer, großer Saal, mit lauter Logen rundherum, fünf, sechs Reihen übereinander, voller schöner Damen mit Federn, kostbaren Edelsteinen, Fächern, Blumen, und die Herren im Frack, auf der Hemdbrust kleine Perlen statt Knöpfen, und mit weißer Schleife – und viele, viele Leute sitzen auch unten, in den roten Orchestersesseln und im Parkett, ein Meer von Köpfen; [...] und ein Stimmengewirr und eine Bewegung, die Damen sprechen mit ihren Kavalieren, sie grüßen von einer Loge zur anderen, einer nimmt unten gerade im Orchestersessel Platz, einer schaut durchs Opernglas [...]. Man sieht die Bühne, auf der ein Wald ist oder ein Platz oder ein Schloß, und die Tante Totina kommt und singt mit den anderen, und das Orchester spielt dazu ... Das ist das Theater. Aber ich, damals ... ich hatte damals die schönste Stimme, nicht die Tante Totina, ich, ich, viel schöner, ich hatte eine Stimme, daß alle sagten, ich sollte zur Oper gehen, ich, eure Mamma; aber gegangen ist statt dessen die Tante Totina ... Tja, die hat eben den Mut gehabt dazu ... Also, der Vorhang geht auf, hört ihr, er wird nach beiden Seiten weggezogen, er geht auf, man sieht auf der Bühne eine Halle, die Vorhalle eines großen Palastes, mit Kriegsleuten, die hinten herumgehen, und vielen Rittern, die auf ihren Anführer, den Grafen von

Luna warten. [...] Es ist Nacht, sie sind müde, auf den Grafen zu warten, der in eine große Dame vom Spanischen Hof namens Leonore verliebt und auf sie eifersüchtig ist, er liegt auf der Lauer unter ihrem Balkon im Garten des Schlosses, weil er weiß, daß jede Nacht der Troubadour – das ist einer, der singt, aber gleichzeitig auch ein Kriegsmann ist – zu Leonore kommt, um für sie das Lied zu singen: »Einsam steh ich, verlassen...« *Sie hält einen Augenblick ein, wie zu sich selbst:* Oh, Gott, das Herz... *und singt gleich weiter, aber mit Mühe, sie kämpft mit der Atemnot, die auch von dem erregenden Gefühl kommt, sich selbst singen zu hören:* »Kann meine Qual nicht fassen, – und eine Hoffnung nur – *dreimal wiederholt* lächelt dem Troubadour...« Ich kann nicht mehr singen... mir... mir bleibt der Atem weg... das Herz... das Herz ist schuld an der Atemnot... ich habe seit Jahren nicht mehr gesungen... [...] Also, ihr müsst wissen, der Troubadour ist der Bruder vom Grafen Luna, ja, aber der Graf weiß es nicht, und nicht einmal der Troubadour selbst weiß es, denn er wurde als Kind von einer Zigeunerin geraubt. Es ist eine schreckliche Geschichte, hört nur zu. Sie wird im zweiten Akt von dieser Zigeunerin erzählt, sie heißt Azucena. Ja, und das war meine Rolle, meine Partie, die Azucena. Sie hat das Kind geraubt, die Azucena, um sich dafür zu rächen, daß der Vater des Grafen Luna ihre Mutter bei lebendigem Leibe verbrannt hat. [...] Aber in der Wut der Rache, halb wahnsinnig, verwechselt sie ihr eigenes Kind mit dem des Grafen und verbrennt ihren eigenen Sohn – versteht ihr? Ihren eigenen Sohn! »Mein Kind... Mein Kind...« – ich kann nicht, ich kann euch das nicht vorsingen... Ihr wisst nicht, was dieser Abend für mich bedeutet, Kinder... gerade der Troubadour... dieses Lied der Zigeunerin... als ich es eines Abends sang, und die anderen waren alle um mich herum, *sie singt unter Tränen:* »Was wohl, was ist des Zigeuners Gewinn? – Ein Weib mit treuem Sinn!« Da wurde mein Vater, an diesem Abend, mein Vater, euer Großvater, blutüberströmt ins Haus gebracht, und mit ihm kam eine Zigeunerin... und dieser Abend, Kinder, dieser Abend ist zu meinem Schicksal geworden, zu meinem Schicksal... *Sie steht auf und singt verzweifelt mit voller Stimme:* »Schon naht die Todesstunde – Ewige Ruh winkt mir – Oh, Leonore, du all mein Glück – meine Lust! gedenke mein!«

Sie bricht plötzlich tot zusammen.

Bertolt Brecht (1898–1956)
Die Dreigroschenoper
(Nach John Gays The Beggar's Opera)
Vertonung: Kurt Weill
Uraufführung: 31. 8. 1928, Theater am Schiffbauerdamm, Berlin

27 Polly
Szene: 1. Akt, 2. Szene
Ort: Pferdestall

Unter dem Titel *The Beggar's Opera* (Die Bettleroper) verfasste John Gay 1728 eine Satire: Indem er anstatt Heroen, wie in der Barockoper üblich, Bettler und Verbrecher als Protagonisten einsetzte, die die Züge damals Herrschender tragen, stellt sein Werk eine Kritik an Untugend und Korruption des Adels dar. Brecht verlegt die Handlung in das viktorianische England. Seine Kritik gilt den sozialen Verhältnissen, Missständen, die im kapitalistischen Bürgertum gründen: »Die Welt ist arm, der Mensch ist schlecht. / Wir wären gut – anstatt so roh / Doch die Verhältnisse, sie sind nicht so.«

Der Gauner und Mörder Macheath, genannt Mackie, verlobt sich mit Polly. Bei den Hochzeitsfeierlichkeiten in einem Pferdestall unterhält Polly die Gäste mit dem Song »Die Seeräuber-Jenny«.

POLLY
Meine Herren, wenn keiner etwas vortragen will, dann will ich selber eine Kleinigkeit zum Besten geben, und zwar werde ich ein Mädchen nachahmen, das ich einmal in einer dieser kleinen Vier-Penny-Kneipen in Soho gesehen habe. Es war das Abwaschmädchen, und Sie müssen wissen, daß alles über sie lachte und daß sie dann die Gäste ansprach und zu ihnen dann solche Dinge sagte, wie ich sie Ihnen gleich vorsingen werde. So, das ist die kleine Theke. Sie müssen sie sich verdammt schmutzig vorstellen, hinter der sie stand morgens und abends. Das ist der Spüleimer und das ist der Lappen, mit dem sie die Gläser abwusch. Wo Sie sitzen, saßen die Herren, die über sie lachten. Sie können auch lachen, daß es genau so ist; aber wenn Sie nicht können, dann brauchen Sie es nicht. *Sie fängt an, scheinbar die Gläser abzuwaschen und vor sich hin zu brabbeln.* Jetzt sagt zum Beispiel einer von Ihnen *auf Walter deutend*, Sie: Na, wann kommt denn dein Schiff, Jenny?
WALTER: Na, wann kommt denn dein Schiff, Jenny?
POLLY: Und ein anderer sagt, zum Beispiel Sie: Wäschst du immer noch die Gläser auf, du Jenny, die Seeräuberbraut?
MATTHIAS: Wäschst du immer noch die Gläser auf, du Jenny, die Seeräuberbraut?
POLLY: So, und jetzt fange ich an.
Songbeleuchtung: goldenes Licht. An einer Stange kommen von oben drei Lampen herunter, und auf den Tafeln steht:
DIE SEERÄUBER-JENNY

1

POLLY *singt*:
Meine Herren, heute sehen Sie mich Gläser abwaschen
Und ich machte das Bett für jeden.
Und Sie geben mir einen Penny und ich bedanke mich schnell
Und Sie sehen meine Lumpen und dies lumpige Hotel
Und Sie wissen nicht, mit wem Sie reden.
Aber eines Abends wird ein Geschrei sein am Hafen
Und man fragt, was ist das für ein Geschrei?
Und man wird mich lächeln sehn bei meinen Gläsern
Und man sagt, was lächelt die dabei?
    Und ein Schiff mit acht Segeln
    Und mit fünfzig Kanonen
    Wird liegen am Kai.

2

Man sagt, geh, wisch deine Gläser, mein Kind
Und man reicht mir den Penny hin
Und der Penny wird genommen
Und das Bett wird gemacht
Es wird keiner mehr drin schlafen in dieser Nacht
Und Sie wissen immer noch nicht, wer ich bin.
Aber eines Abends wird ein Getös sein am Hafen
Und man fragt: Was ist das für ein Getös?
Und man wird mich stehen sehen hinterm Fenster
Und man sagt: Was lächelt die so bös?
    Und das Schiff mit acht Segeln
    Und mit fünfzig Kanonen
    Wird beschießen die Stadt.

3

Meine Herren, da wird wohl Ihr Lachen aufhörn
Denn die Mauern werden fallen hin
Und die Stadt wird gemacht dem Erdboden gleich
Nur ein lumpiges Hotel wird verschont von jedem Streich
Und man fragt: Wer wohnt Besonderer darin?
Und in dieser Nacht wird ein Geschrei um das Hotel sein
Und man fragt: Warum wird das Hotel verschont?
Und man wird mich sehen treten aus der Tür gen Morgen
Und man sagt: Die hat darin gewohnt?
    Und das Schiff mit acht Segeln
    Und mit fünfzig Kanonen
    Wird beflaggen den Mast.

4
Und es werden kommen hundert gen Mittag an Land
Und werden in den Schatten treten
Und fangen einen jeglichen aus jeglicher Tür
Und legen ihn in Ketten und bringen ihn vor mir
Und fragen: Welchen sollen wir töten?
Und an diesem Mittag wird es still sein am Hafen
Wenn man fragt, wer wohl sterben muß.
Und dann werden Sie mich sagen hören: Alle!
Und wenn dann der Kopf fällt, sag ich: Hoppla!
   Und das Schiff mit acht Segeln
   Und mit fünfzig Kanonen
   Wird entschwinden mit mir.

Samuel Beckett (1906–1989)
Glückliche Tage

Stück in zwei Akten
Uraufführung: 17. 9. 1961, Cherry Lane Theatre, New York
Deutsche Erstaufführung: 30. 9. 1961, Schiller Theater, Werkstatt, Berlin

28 **Winnie, eine Frau um die Fünfzig**
Szene: 1. Akt
Ort: Weite versengte Grasebene, die sich in der Mitte zu einem kleinen Hügel erhebt.

Zunächst ragt noch Winnies ganzer Oberkörper aus dem Erdreich, dann ist nur noch ihr Kopf auf dem Hügel zu sehen. Sie kann sich nicht bewegen, während ihr Mann Willie kaum Worte von sich gibt. Wie viele Beckett'sche Figuren sind sie in ihren Bewegungen oder ihrer Kommunikation eingeschränkt. Und wie viele seiner Figuren sind sie allein. Vielleicht sind es die letzten Menschen, die dort in leerer Landschaft hausen. Ein Endspiel: die letzten Tage der Menschheit; doch diese Tage wollen nicht enden. Beckett lässt seine Figuren in einem sinnentleerten Raum warten. Es gibt eigentlich keinen Grund, jeden Morgen zeitig aufzustehen, den Spiegel zur Hand zu nehmen und sich zu schminken; es passiert nichts. Aber sie halten ihre Rituale aufrecht, denn »irgendetwas muß geschehen«.

   Becketts düster anmutende Bilder eines stagnierenden und sinnlosen Daseins entbehren nicht der Komik. Clownerie und Slapstick gehören zu den gestalterischen Mitteln seines Theaters, das sich einer eindeutigen Interpretation entzieht. Wenn Winnie abends bemerkt, dass diese Tage trotz allem »glückliche Tage« sind, mag dies ironisch gesprochen sein oder aber auch gelassen und zufrieden.

      WINNIE
   [...] *Blickt zum Sonnenschirm.* Ich nehme an, ich könnte ... *nimmt den Sonnenschirm* – ja, ich nehme an, ich könnte dies Ding jetzt hissen. *Beginnt ihn aufzuspannen. Das Folgende wird durch mechanische*

Schwierigkeiten, die sie jeweils überwindet, gegliedert: Man schiebt es immer wieder auf – ihn aufzuspannen – aus Angst – ihn zu früh aufzuspannen – und der Tag geht vorbei – ganz vorbei – ohne daß man ihn überhaupt aufgespannt hat. *Sonnenschirm ist jetzt aufgespannt. Nach rechts gedreht, lässt sie ihn lässig bald in der einen, bald in der anderen Richtung kreisen.* Ach ja, so wenig zu sagen, so wenig zu tun, und die Angst so groß, an gewissen Tagen, sich verlassen zu finden ... im Stich gelassen ... noch Stunden vor sich, bis es klingelt zum Schlaf, und nichts mehr zu tun, daß die Tage vorbeigehen, gewisse Tage, ganz vorbei, es klingelt, und wenig oder nichts getan. *Hebt den Sonnenschirm.* Da liegt die Gefahr. *Wendet sich wieder nach vorn.* Vor der man sich hüten muß. *Starrt geradeaus, wobei sie Sonnenschirm mit rechter Hand hochhält. Maximale Pause.* Ich transpirierte sonst stark. *Pause.* Jetzt kaum. *Pause.* Die Hitze ist viel größer. *Pause.* Die Transpiration viel geringer. *Pause.* Das eben finde ich so wundervoll. *Pause.* Die Art, in der der Mensch sich anpasst. *Pause.* Den wechselnden Verhältnissen. *Gibt Sonnenschirm in die linke Hand.* Das Hochhalten ermüdet den Arm. *Pause.* Nicht, wenn man geht. *Pause.* Nur, wenn man am Platz bleibt. *Pause.* Das ist eine merkwürdige Beobachtung. *Pause.* Ich hoffe, du hast das gehört, Willie, es täte mir leid, denken zu müssen, daß du es nicht gehört hast. *Nimmt den Sonnenschirm in beide Hände. Lange Pause.* Ich bin es müde, ihn hochzuhalten, und kann ihn doch nicht herunternehmen. *Pause.* Ich bin schlimmer dran, wenn ich ihn hochhalte, als wenn ich ihn herunternehme, und ich kann ihn nicht herunternehmen. *Pause.* Die Vernunft sagt, nimm ihn herunter, Winnie, es hilft dir nichts, nimm das Ding herunter und beschäftige dich mit etwas anderem. *Pause.* Ich kann es nicht. *Pause.* Ich kann mich nicht bewegen. *Pause.* Nein, irgendetwas muß geschehen, in der Welt, vor sich gehen, sich ändern, ich kann es nicht, wenn ich mich wieder bewegen soll. *Pause.* Willie. *Sanft.* Hilf. *Pause.* Nein? *Pause.* Heiß mich das Ding herunternehmen, Willie, ich würde dir sofort gehorchen, wie ich es immer getan, getreulich und gehorsam. *Pause.* Bitte, Willie. *Sanft.* Erbarmen. *Pause.* Nein? *Pause.* Du kannst es nicht? *Pause.* Nun, ich verarge es dir nicht, nein, es würde mir, die ich mich nicht bewegen kann, schlecht anstehen, es meinem Willie zu verargen, daß er nicht sprechen kann. [...] *Sonnenschirm fängt Feuer. Rauch, wenn möglich Flammen. Sie schnuppert in der Luft, blickt auf, wirft den Sonnenschirm rechts von sich hinter den Hügel und reckt sich, um den Schirm brennen zu sehen.* [...] Der Sonnenschirm wird morgen wieder da sein, neben mir auf diesem Hügel, um mir durch den Tag zu helfen. *Pause. Nimmt Spiegel*: Ich nehme diesen kleinen Spiegel, ich zersplittere ihn an einem Stein – *sie tut es* – ich werfe ihn weg – *sie wirft ihn weit hinter sich* – er wird morgen wieder im Sack sein, ohne einen Sprung, um mir durch den Tag zu helfen. *Pause.* Nein, man kann nichts tun. *Pause.* Das eben finde ich so wundervoll, die Art, in der Dinge ... *Stimme bricht ab, mit gesenktem Kopf* ... Dinge ... so wundervoll.

Sarah Kane (1971–1999)
4.48 Psychose

Uraufführung: 23. 6. 2000, Royal Court Jerwood Theatre, London
Deutschsprachige Erstaufführung: 7. 11. 2001, Münchner Kammerspiele.
Regie: Thirza Bruneken

Sarah Kanes *4.48 Psychose* erzählt die Geschichte einer Psychose aus der Innenperspektive. Es ist die Darstellung einer Reise durch die Seele. Ort und Handlung bezeichnen die innere Landschaft eines denkenden Bewusstseins. Das Stück ist ein abstraktes Stimmenkonzert, ohne Rollen und Szenenanweisungen. Es gibt keine Handlung außer dem Rattern von Gedanken. Figurenkonstellationen lösen sich in einem einzigen Bewusstseinsstrom auf. Einzelne Akteure existieren nur als Stimmen innerhalb des Kopfes, der da denkt. Sie repräsentieren die Spaltung des Menschen in Täter, Opfer und Zuschauer, den Krieg der Gedanken. Das Ich, das hier spricht, lässt sich nicht in der Begrenztheit und Einheitlichkeit eines klar definierbaren Charakters fassen. Seine Grenzen verwischen, seine Einheit wird fragmentiert. Diese Tatsache spiegelt sich wider in der Struktur des Stückes. *4.48* bezieht sich auf die Uhrzeit 4.48, den Moment der größten Klarheit, in dem alle Verwirrungen sich zu verflüchtigen scheinen. Das Paradox des Stückes besteht darin, dass dieser Moment der Klarheit im psychotischen Geist für jene außerhalb der Moment ist, in dem der Wahn am stärksten ist.

Der abgedruckte Monolog spiegelt eine Kluft wider zwischen dem Denken und der gesellschaftlichen Normalität. Er beschreibt den Zwang zur Normierung, die Unfähigkeit, der Norm zu genügen, und die Qual außerhalb zu stehen. Normierung und Zwang oder Einsamkeit und Selbstverlust stehen sich als gleichermaßen unglückliche Alternativen gegenüber. Am Ende der Passage werden die Ideale von Liebe und Freiheit zitiert, die in der Lage sein sollen, das Ich mit der Welt zu versöhnen und den Zwang der Norm in etwas Positives zu verwandeln. Vor dem Hintergrund der Verzweiflung und Einsamkeit, die das Stück widerspiegelt, kann diese Perspektive allerdings auch als vollkommen utopisch, ihre Äußerung als sarkastischer Spott über ein gesellschaftliches Ideal verstanden werden.

Textanfang:
blitzen flackern schlitzen ...

Leider konnten wir für die auszugsweise Wiedergabe des Textes keine Genehmigung erhalten. Da dieses Buch auch zum eigenen Lesen anregen möge, drucken wir die einleitende Kontextbeschreibung ab und verweisen auf Textanfang und Textende des beschriebenen Monologs. Dieser ist zu finden in:

Kane, Sarah: 4.48 Psychose. Deutsch von Durs Grünbein. In: Dies.: Sämtliche Stücke. Herausgegeben von Corinna Brocher und Nils Tabert. Reinbek bei Hamburg: Rowohlt Theaterverlag, zweite Auflage 2002, S. 211-252; S. 238ff.

Textende:
… geliebt werden / frei sein

Enda Walsh (Geboren 1967)
The New Electric Ballroom
Uraufführung: 30. 9. 2004, Münchner Kammerspiele. Regie: Stephan Kimmig

29 Clara, eine ältere Frau
Ort: Innerhalb eines Hauses in einem kleinen irischen Fischerdorf

Clara und Breda, zwei ältere Frauen, wohnen zusammen mit ihrer jüngeren Schwester Ada in einem kleinen Fischerdorf in England. Sie leben vollständig zurückgezogen. Ihr einziger Kontakt zur Außenwelt ist der Fischhändler Patsy, der regelmäßig bei ihnen vorbeischaut und Geschichten aus dem Dorf berichtet. Doch auch er ist nicht willkommen, die Frauen haben keinerlei Interesse an der Welt. Der folgende Monolog Claras liefert den Grund für dieses Verhalten. Es ist die lang vergangene Geschichte ihrer ersten Liebe: Roller Royle, der Sänger einer Showband, die regelmäßig im New Electric Ballroom auftrat, hatte Clara auf einem Konzert aufgefordert, ihn nach der nächsten Show hinter der Bühne zu treffen. Dieses Treffen wird für Clara zu einem Versprechen für ein neues und aufregendes Leben jenseits der Enge des Fischerdorfes, es erfüllt sie mit »einer amerikanischen Zuversicht«. Was sie nicht weiß, ist, dass auch Breda eine derartige Verabredung mit Roller Royle hat und dass auch Breda in Roller Royle verliebt ist. Clara wird durch ihre Schwester Breda um ihre erste Liebe betrogen. Aber auch Breda findet kein Glück bei Roller Royle. Er lässt sie wenige Minuten später wegen einer anderen sitzen. Beide Schwestern enden bitter enttäuscht und entschließen jede für sich den völligen Rückzug von der Welt, eine Flucht »nach drinnen, wo es sicher ist!« Fortan verbringen die Schwestern ihre Tage in vollkommener Abgeschiedenheit und rekapitulieren Tag für Tag die Geschichte ihrer gescheiterten Liebe und ihrer gegenseitigen Rivalität und Feindschaft. Dieser Vergangenheitskult steigert sich bis zur Absurdität: Während des Erzählens ziehen sie sich gegenseitig ihre damaligen Kleider an, schminken sich und lassen Musik laufen, die sie eigens zu diesem Zweck zusammengeschnitten haben. Es findet keine wirkliche Kommunikation der Ereignisse statt. Die Schwestern kennen ihre Geschichte wortwörtlich auswendig. Sie quälen sich gegenseitig durch den Zwang zur ständigen Wiederholung des eigenen Scheiterns. Da sie vollständig isoliert sind, bleibt ihnen auch nichts als diese eine Geschichte, durch deren Erzählung sie immer aufs Neue in ihrer Weltflucht bestärkt werden. Aus Misstrauen gegenüber der Welt hindern sie auch ihre jüngere Schwester Ada ein Leben außerhalb des Hauses zu beginnen. Die Schwestern leben in einer sich selbst verstärkenden Schleife aus Isolation und Furcht. Ihre Geschichte ist Ausdruck und Ursache der Unmöglichkeit, etwas Neues zu beginnen. Das Stück *The New Electric Ballroom* beschreibt, was Geschichten mit Menschen anstellen. Dabei werden die Figuren weniger durch ihre Geschichte selbst als durch den Umgang mit dieser Geschichte charakterisiert.

CLARA

... und überall Leiber. Leiber, aneinander geklebt von Schweiß und Musik und Tanz und Zigarettenqualm. Und armlose, beinlose Leiber in einem Meer aus mageren Männern in dunklen Anzügen und den blumigen Röcken junger Frauen. Schon bewegt sich alles in einer Flut aus kaum unterdrücktem Sex ... oh, wir bewegen uns ... [...]
... und Breda dann weg, Gott sei Dank. Meine letzte Bindung an zu Hause und das bisherige Leben – und Bredas Ambition steckt fest ... steckt fest im Umkleideraum und wird in Orangenlimo ertränkt, die dumme Zicke! Aber ich nicht. Clara nicht. [...] Ich weitergetrieben von Welle zu Welle, näher an die Bühne, und krieg kaum Luft. Eine Mischung aus Folter und Vorspiel: Ich hör, wie seine Stimme Frauenherzen bricht und die Bewunderung aller richtigen Männer weckt, aber die Zeit ist noch nicht ganz gekommen, um meine Augen aufzuschlagen und meinen Mann auf der Bühne anzusehen. *Kurze Pause* Aber jetzt Augen auf ... und da ist er! »Roller Royle« und seine Showband. Er wirkt ganz amerikanisch. Sein Anzug blau wie ein Sommertag. Seine Tolle ragt ohne Rücksicht auf die Schwerkraft in die Höhe und dem Himmel entgegen. »Roller Royle«. Ich hör seine Worte von vor vier Wochen, und mein Herz bleibt stehen, mein Atem stockt, mir rast der Kopf. Wir treffen uns nachher. Wir treffen uns nachher ... [...]
Und hinter die Bühne, dorthin, wo Roller wartet. Kann seine Hitsingle »Wondrous Place« hören, die mich gefangen nimmt. Seine schöne Stimme beruhigt mich und nimmt ein wenig die Nervosität. Der Flur voller Leute, die zusammenpacken und in die nächste Stadt ziehen, aber alle Gedanken kreisen um ihn [...]. Um ihn und all das, was wir zusammen tun werden. Bei seiner Garderobe, und mein Herz beruhigt sich, meine Zukunft ausgebreitet wie eine Landkarte: jeden morgen weckt mich sein Gesicht, und seine süße Stimme singt von diesem wondrous place. Die Tür einen Spalt offen ... ich geh hinein.
Pause. Clara schnappt plötzlich nach Luft und ihre Augen füllen sich mit Tränen.
Er sitzt auf einem Tisch, und du stehst zwischen seinen Beinen. *Pause.* Er hat sein Gesicht in dich vergraben. *Pause.* Seine großen Hände liegen auf deiner winzigen Taille, und er küsst dich auf den Mund.
Clara sieht zu Breda hinüber.
Meine Kehle ist verstopft von Schmetterlingen. Mein Blut fließt langsamer. Mein Herz steht still. Es ist dein blauer Rock und deine rote Bluse, Breda, das böse Mädchen.

Dennis Kelly (Geboren 1970)
Schutt (Debris)

Uraufführung: 17. 4. 2003, Latchmere Theatre, London
Deutsche Erstaufführung: 12. 3. 2004, Burgtheater, Vestibül, Wien.
Regie: Sandra Schüddekopf

30 Michelle

Szene: 6. Szene: Necroviviparity

Michael und Michelle treten als Geschwisterpaar auf. Ihre Eltern sind tot. Die Geschwister schildern, abwechselnd und gemeinsam, Szenen aus ihrem Leben, das von Medienbildern und von Figuren und Handlungen geprägt ist, die der Phantasie entstammen.
Die einzelnen Szenen bauen nicht chronologisch auf, trotzdem entsteht am Ende eine »Familien-Geschichte« um Michael und Michelle, die wahr sein kann, aber genauso gut kann auch alles nur der Vorstellung der beiden Geschwister entsprungen sein.
In Szene 1 zum Beispiel schildert Michael, wie sein Vater an seinem sechzehnten Geburtstag im Wohnzimmer ein überdimensional hohes Holzkreuz errichtet, um einen ähnlich spektakulären Tod wie Jesus zu erleben. Ein sechzehnter Geburtstag, an dem es »keine Geschenke, keine Eiskrem, keine Süßigkeiten, keinen Wodka, keine pickligen, total unverstandenen Teenager, keine schreienden Kinder, die Happy Birthday singen, nur einen Haufen Schutt« gibt – so sieht das Leben von Michael und Michelle aus. In Szene 2 beschreibt Michelle den Tod ihrer Mutter. Die Freude über ihre Geburt war bei ihren Eltern so groß, sie mussten einen Ausdruck dafür finden: Ihr Vater wollte ein Huhn, wie es ein Mann im Fernsehen vorgemacht hatte, kochen. Die Eltern nahmen das Festmahl zu sich, da blieb ein Knochen im Hals ihrer Mutter stecken und sie begann zu sterben.
Eine ganz andere Version dieses Todes erzählt Michelle selbst im folgenden Monolog. Entscheidend ist nicht die Glaubwürdigkeit, sondern die Phantasie. Es geht darum: Welche Geschichte ist am Mitreißendsten erzählt?

MICHELLE

Meine Mutter starb an einer Bemerkung. Das war aber keine Bemerkung von ihr selbst. Tod durch Überdosis, durch Mord, durch Gasexplosion, durch Kunstfehler, durch Diphtherie, Typhus, Erstechen oder durch Altersschwäche lehnte sie ab, um einfach an Langeweile zu sterben. Während sie eine Mitternachtskultursendung im Fernsehen sah – das war nicht gerade ihre übliche Kost – und dabei ein Glas mit eingelegten Zwiebeln aß – das war ihre übliche Kost, hörte sie wie einer der Diskussionsteilnehmer bemerkte:

»Natürlich, es ist heutzutage unmöglich, irgendetwas gänzlich Neues zu schaffen!«

Sie hört auf zu kauen, die nächste Zwiebel schon auf halbem Weg zu ihrem Mund, sie greift mit der anderen Hand auf diesen Ballon, der ihr Bauch ist, und lässt die Bemerkung einsickern. Aber sie schafft doch gerade etwas gänzlich Neues, oder? In ihrem Bauch ist doch was ganz Neues, oder? Dieser zusammengewickelte sechs Monate alte Fleischklumpen, der sich da bewegt und um sich tritt, der ist doch wohl was

Neuartiges? Aber sie weiß schon. Und es ist weniger die Bemerkung an sich als die beifällige Art, mit der all diese anderen Intellektuellen und Künstler zustimmen, so als müsste das wirklich jeder auf dieser Welt verstehen. Jeder. Außer meiner Mutter. [...]
Sie starrt.
Lang.
Das Fernsehbild schrumpft zu einem winzigen Punkt zusammen und fängt dann zu flimmern an, und dann am nächsten Morgen bricht auf einmal wieder das Leben aus ihm hervor, und meine Mutter starrt noch immer.
Und als dann in der nächsten Nacht das Bild wieder schwindet und zu einer winzigen Zwiebel wird, schwindet auch sie und haucht ihren Geist aus und wird zu einer Leiche und lässt dieses arme, schutzlose Kind in ihrem Bauch – nämlich mich – zurück, um sich allein durchzuschlagen. Nach einer kurzen Pause der Trauer wirft mein Vater meine Mom von der Couch auf den Boden und schaltet um zum Fußball. Und dort wachse ich heran, in der verwesenden Leiche meiner Mutter, in ihrem Schoß geschützt, drei Monate meiner Entwicklung habe ich noch vor mir [...] Das war meine schwerste Zeit, wie Sie sich wahrscheinlich vorstellen können, ich trotzte den Gesetzen des Lebens und des Todes, um eines Tages einen nicht neuartigen Platz in einer nicht neuartigen Welt einnehmen zu können. [...]
Am ersten Mai breche ich zwischen den Beinen meiner Mutter hervor, um mir starrköpfig den mühseligen Weg zu ihrer Brust zu bahnen, aber da finde ich eine Nahrungsquelle, mit der ich höchstens als Pflanze was anfangen könnte.
Also presse ich meinen Mund gegen diesen Hügel aus gestocktem Gelee und lasse meine Lippen Wurzeln schlagen und meine Zunge zu einer kleinen Knolle werden, einfach um an der großen Güte teilzuhaben, die mein Geburtsrecht ist. [...]
Und ich schau die ganze Zeit zum Fernseher rauf. Denn ich weiß es. Ich habe das nicht vergessen. Ich erinnere mich. [...]
Jetzt krabble ich zu dieser Kiste, meine Triebe ballen sich zusammen wie eine Faust. Ich bin eine Boa Constrictor, eine Hand, eine Faust, die sich um ein Ei schließt, bereit, zuzudrücken ... Auf einmal eine Bewegung hinter mir. Es ist Daddy. In diesem Moment hat er bemerkt, was los ist, dieser nicht televisuelle Anblick dringt jetzt in seinen Fleischkopf ein ...
NEIN
schreit er.
Ich lass los.
Ich schau ihn an.
Auf seinem Gesicht ist nur Schmerz.

Unendlicher Verlust. Eine kaum hörbare Stimme.
»Nicht den Fernseher.«
Pause. Sie überlegt.
Zudrücken.
Sie schreit und fällt zu Boden.
Sie hebt den Kopf.
Er steht auf. Er sieht sich um. Er ist wie ein Besessener, der von seinen Dämonen befreit ist und in die Sonne blinzelt. Dann sieht er Mum. Er sieht unsere tote Mum.
An diesem Tag ist irgendwas in meinem Vater zerbrochen.

Bernard-Marie Koltès (1948 – 1989)
Sallinger

Uraufführung: 1977, Théâtre de l'Eldorado, Lyon. Regie: Bruno Boeglin
Deutsche Erstaufführung: 15. 12. 1995, Schauspiel Bonn. Regie: Valentin Jeker

31 **Anna**
Szene: 11. Szene
Ort: Friedhof

In *Sallinger* sind Stoffe und Motive aus dem Roman *Fänger im Roggen* und den Erzählungen über die Glass-Familie des amerikanischen Schriftstellers J.D. Salinger verwoben. Ausgangssituation des Theaterstücks ist der Tod von Rotfuchs, einem jungen Mann, der sich nach der Rückkehr aus dem Koreakrieg erschossen hat und zum Gegenstand der rivalisierenden Trauer seiner Witwe und seiner besitzergreifenden Familie wird. Eine spektakuläre Rückblende auf den Selbstmord wirft am Ende des Stücks ein kaltes Licht – zuvor taucht Rotfuchs immer wieder als Geist, als Wunschbild, als Projektion seiner Eltern, Frau und Geschwister auf. Lähmende Familienbande und der Krieg bringen in diesem Stück Figuren hervor, deren Fähigkeit zu zwischenmenschlicher Kommunikation gefährdet ist, deren Bemühungen um Nähe meist scheitern und deren Beziehungen durch Aggressivität und Gewalttätigkeit geprägt sind.

Lebensangst ist für die jungen Helden bei J.D. Salinger ebenso charakteristisch wie für viele Figuren bei Koltès. Holdens Traum, in einem Roggenfeld am Rande der Klippe zu stehen und alle Kinder abzufangen, die auf den Abgrund zulaufen, entspringt dem Wunsch, die einzigen Geschöpfe vor Schlimmem zu bewahren, die ihre innere Unberührtheit noch nicht verloren haben. Auch Rotfuchs und seine Geschwister sind auf der Suche nach einem Ausweg aus der Sphäre des Verlangens, des Deals und der Gewalt. Doch ist diese Sehnsucht erschüttert und Koltès' Figuren wissen, dass »jeder Vorfall eine Spur hinterlässt«.

Rotfuchs' Schwester Anna wehrt sich gegen den Eintritt in die Welt des Erwachsenenseins. Die Bruder-Schwester-Beziehung zeigt zugleich die ambivalente Komponente der Leidenschaft, die sich der ewigen Kindheit in den Weg stellt. Einsamkeit und die Suche nach einem anderen Menschen – bei Koltès ist es nur ein schmaler Grat, der Verzweiflung und Gewalt voneinander trennt.

Wo irgend möglich, werden in *Sallinger* inhaltliche und formale Orientierungspunkte außer Kraft gesetzt. Handlungsfäden zerreißen und machen einer Vielzahl von Monologen Platz. Der kursiv markierte Nebentext des hier abgedruckten Monologs macht deutlich, inwiefern Koltès eine Implosion der Form durch die Sprache auslöst: Als Regieanweisung für die Bühnenrealisierung ist der Text kaum übersetzbar. Als literarischer Text evoziert er eine Landschaft von seltsamer Unwirklichkeit. Allen Spielebenen haftet ein Illusionsverdacht an. Der Übersetzer Simon Werle schreibt in seinem Nachwort: »Als Koltèssche Wortwesen, getrieben von einem unstillbaren Artikulationsdrang, einem sich an Sprache klammernden Individuationstaumel, schwankend zwischen eruptivem Ausbruch und einem Schwebezustand endloser Suaden der Reflexion, von Probeläufen in ein Anderes ihrer selbst und ihrer Welt, gewinnen sie eine prekäre, provisorische, erborgte Identität.«

Es regnet auf dem Friedhof. Ein Schatten huscht zwischen den Grabsteinen hindurch. Es scheint Carole zu sein mit ihrem schwarzen Kleid und dem schrecklichen Funkeln ihres Lippenstifts, der sogar in der Nacht glitzert – ein kleines, fast glühendes Rund, das sich verstohlen vorwärtsbewegt und dem Grabmal nähert. Plötzlich bleibt sie stehen, dreht sich um und beobachtet, was sich drüben am anderen Ende der Bühne rührt. Es ist ein Schatten, der zwischen den Grabsteinen hindurchhuscht; es scheint Carole zu sein mit ihrem schwarzen Kleid und dem schrecklichen Funkeln ...
Die beiden Zwillingsschatten haben sich gesehen. Unbeweglich mustern sie sich, schauen sich lange an.
Im Hintergrund hört man ein Flüstern. Die beiden Schatten erschrecken, drehen sich um, sehen sich wieder an. Sie zögern; das Flüstern wird deutlicher.
Ohne sich aus den Augen zu lassen, verstecken sich die beiden gleichen Schatten hinter zwei gleichen Grabsteinen; und Ma und Al gehen, ohne etwas zu bemerken, zwischen ihnen hindurch. Plötzlich wird das Dunkel von einem grellen Licht und einem Schrei zerrissen. June kommt herbeigelaufen.
Das unheilvolle, blaue, blinkende Licht sucht im Regen nach Carole.
Die beiden Caroles tauchen aus ihren Verstecken auf; Al und Ma drehen sich um, alle sehen sich.
Al nimmt Ma wie eine Braut in den Arm und zieht sie zum Grabmal. Sie tauchen in die schwarze Öffnung und verschwinden.
Der erste Schatten kommt nach vorn und enthüllt im Licht sein Gesicht; es ist Anna, als Carole verkleidet; sie lächelt und hält ihre Arme ausgestreckt, als erwarte sie, dass man ihr Handschellen anlegt.
June stürzt zur echten Carole, die im Hintergrund geblieben ist, und zieht sie schnell aus dem Licht.

ANNA
Mein Name ist Anna, ich bin bereit, führen Sie mich ab. Sie können meinen Namen aufnehmen, Mister, aber ich bitte Sie, vergessen Sie ihn sofort, nachdem Sie ihn aufgenommen haben. Haben Sie ein Taschen-

tuch? Ich bitte Sie, Mister, beurteilen Sie mich nicht nach dem Zustand, in dem Sie mich sehen, nach dem Kleid, das ich trage, und auch nicht nach dem Aussehen, das ich habe, oh nein: ein trügerisches Aussehen; es ist nur eine Art, sich zu geben, die ich für einen Abend, und nur für einen Abend angenommen habe. Ich habe mir gesagt: los, das ist deine Stunde, gib dir Mühe, dass er dich nicht zurückstößt. Es ist also nur eine angenommene Art, damit er mich nicht zurückstößt. Hätten Sie nicht ein Taschentuch, von mir aus auch aus Papier, das würde mir schon reichen, in der Verfassung, in der ich heute Abend bin. Außer meinem Namen, dem, den ich Ihnen genannt habe, und den ich Sie bitten darf, sofort zu vergessen, habe ich nichts zu sagen; ich wüsste wirklich nicht. Beruf? Nein, nein, nichts: keine Beschäftigung, erst recht kein Beruf. Das ist das Privileg einer Tochter aus gutem Hause, nicht wahr? Ich habe den ganzen Tag über nichts getan, außer versucht, mich über das Mittelmaß zu erheben, versucht, mich von den gemeinen Erkenntnissen zu lösen, um die wesenhaften wahrzunehmen. Dann also kein Taschentuch, Mister, ich komme schon zurecht.
Sie wischt sich die Schminke mit dem Ärmel ab.
Ich habe mir gesagt: los, das ist deine Stunde, los; ich wollte ihn nur ein allerletztes Mal auf die Stirn küssen, ihm übers Haar streichen, ein paar Takte tanzen vielleicht, wenn er Lust dazu gehabt hätte: ich habe gespürt, dass es meine Stunde war, ich komme dich besuchen, stoß mich nicht zurück, lass uns ein paar Takte tanzen. Aber schon wieder einmal ist mir die andere zuvorgekommen; sie wird mir also immer zuvorkommen; was hat sie bloß, das ich nicht habe, um aller Welt zuvorzukommen? Ich habe mir gesagt: los, frag ihn: was hatte sie, das ich nicht habe, diese dicke Pute?
Sie reißt sich das Kleid herunter.
[...] Ich wollte ihm nur sagen: ich habe verstanden, Rotfuchs, nichts anderes als wir selbst ist die Ursache unseres Endes, nichts anderes tickt falsch, alles ist genau kalkuliert, alles ist in Ordnung: das Radio, die Schule, die Armee, der Dollar, die Minister, die Trusts, die Demokraten und die Republikaner, die Schwarzen und die Weißen; [...] Herrgott, und ich wollte ihm sagen: du hattest recht, Rotfuchs, wir sind es, Herrgott, wir selbst, wir Idioten sind diejenigen, die eindeutig falsch ticken; und das ist unser Ende. Das war es, was ich ihm sagen wollte und weshalb ich zu mir gesagt hatte: los!, aber diese dicke Pute ist mir zuvorgekommen. Und jetzt führen Sie mich ab, Mister, ich vertraue mich Ihnen an; [...] Führen Sie mich zurück zu einem Kindheitszustand, wo ich die ganze Zeit schlafen kann, oder machen Sie mich schön alt; geben Sie mir die nötige Spritze, geben Sie mir die Tabletten, die Sie für gut halten, manipulieren Sie in meinem Hirn herum. [...] *Auf Knien, mit dem verklärten*

Gesicht einer Novizin. Zu mir, Ärzte, Chirurgen, Psychiater; her mit den Schlaftabletten, den Schmerzmitteln; her mit Elektroschocks und Lobotomie: Oh, wenn Sie mich mögen, nehmen Sie mich mit, Mister, in Ihre Klinik, und bitte operieren Sie mich.

Xavier Durringer (Geboren 1963)
Ganze Tage – ganze Nächte

Uraufführung: 1996, Théâtre de St.-Yrieix. Regie: Xavier Durringer
Deutsche Erstaufführung: 28. 2. 1997, Bahnhof Erlangen, Bahnsteig 1. Regie: Stefan Otteni

32 Sylvie

In *Ganze Tage – ganze Nächte* collagiert der Autor kurze Dialoge, Monologe, knappe Textpassagen wie Sätze, Ausrufe, Gedichte und kleine Erzählungen. Die so willkürlich angeordnet erscheinenden Fragmente zeichnen eine zersprengte Welt auf der Suche nach Sinn. Gewaltphantasien und Kontaktschwierigkeiten der Figuren überschneiden sich mit Auseinandersetzungen um Eifersucht und Verlustangst in der Partnerschaft, erscheinen in Erinnerungen an frühere Beziehungen wieder und klingen erneut in Zukunftsvisionen an. Durringers poetische Bilder verklammern Banales mit Hochverdichtetem: So kann sich Gaspard bei Pierres Radiomusik nicht aufs Briefeschreiben konzentrieren, und Lucies Weinen stößt bei ihrem Freund Fred auf völliges Unverständnis. Ein lyrisches Ich »wäre gern der Krümel am Zahn« des lyrischen Du, »das Taschentuch am Mundwinkel, die Zunge auf deinen Lippen«. An anderer Stelle wird die Geschichte einer Frau erzählt, die den anderen spüren will – aber das Spüren bleibt aus.

Der hier abgedruckte Monolog von Sylvie ist aus zwei Textpassagen montiert. Die Figur Sylvie ist die Frau, mit der die Figur Gaspard eine Verabredung hat. Sie begegnen sich, sie sagen beide von sich, unter einer »psychosomatischen Krankheit« zu leiden, sie suchen Ersatz für die sie verschlingende Liebe – und bleiben doch allein.

SYLVIE
Ich bin der Typ von Frau, an dem gar nichts ist.
Nach mir dreht man sich nicht um.
Man sagt mir oft, dass ich aussehe wie jemand anders.
Ich habe einen ganz gewöhnlichen Vornamen, und alle vergessen ihn immer, SYLVIE, sagen Sie mal Sylvie, nur so, Sylvie, Syl-vie, noch mal, das muss man sich doch merken können! Sylvie, das ist verdammt noch mal nicht schwer zu merken, scheiße, außerdem gebe ich mir Mühe, immer wieder, ich enthaare mich mit Wachs, die Achseln, die Augenbrauen, die Haare auf den Brüsten, bitteschön, das muss man erst mal machen, einmal machen. Ich kaufe Cremes und alles, Lippenstifte, damit der Mund größer wirkt, Wonderbras, damit der Busen rauskommt, Spritzen, damit der Hintern wieder straff wird, aber nichts passiert, Sylvie, das merkt man sich nicht, ich gehe auf strengste Diät, aber alles setzt

bei mir an, ein Apfel, ein Traubenkern, und ich nehme zu, mich macht sogar Sport dick, ich nehme zu, ich schwör's euch, ich nehme zu, ich halte das nicht mehr aus. SYLVIE SCHEISSE!
[...]
Wissen Sie, was das kostet?
Meine Jacke hier, die hat 500 Euro gekostet.
Und wissen Sie, was das kostet?
Mein Rock, mein Rock, der hat 400 Euro gekostet.
Und wissen Sie, wie viel meine Schuhe kosten?
Meine Schuhe ... also ... 200, nein, 150 Euro, genau, 150 Euro.
Und meine Strümpfe, wissen Sie, wie viel die kosten?
50 Euro, meine Strümpfe.
Und wissen Sie, wie viel die kostet? Meine Unterhose?
40 Euro, meine Unterhose.
Das wars ... Ach! nein, wissen Sie, was das kostet?

Sie zeigt eine Hälfte ihres BHs.

60 Euro.

Sie zeigt auch die andere Hälfte.

Pech, ich habe zwei davon ... hier!
120 Euro.
Ich bin eine Frau für 1260 Euro.
Ist das nicht zum Heulen?

Jean-Luc Lagarce (1957–1995)
Ich war in meinem Haus und wartete, dass der Regen kommt.

Uraufführung/Szenische Lesung: 1997, eingerichtet durch den Übersetzer Jarg Pataki in der Baracke am Deutschen Theater Berlin
Deutsche Erstaufführung: 28. 3. 2001, Vereinigte Städtische Bühnen Krefeld und Mönchengladbach. Regie: Friderike Vielstich

- **Die Ältere**

Der Stücktitel *Ich war in meinem Haus und wartete, dass der Regen kommt* verweist auf den Kern des Dramas. Das Figurenpersonal verzeichnet fünf Frauen aus drei Generationen – »die Älteste«, »die Mutter«, »die Ältere«, »die Zweite« und »die Jüngste« – und jede könnte diesen Satz aussprechen. Er ist das Leitmotiv des ganzen Stückes – und der Theatertext seine Variation. Die fünf Sprecherinnen kreisen um einen jungen Mann, der das Haus verlassen hat, weggejagt vom Vater aufgrund eines Streits, dessen Gründe nicht bekannt sind. Die Frauen werden warten »bis an das Ende ihrer Tage«. Als der junge Mann, der für die Frauen Enkel, Sohn und Bruder ist, zurückkommt, seinen nahen Tod fühlend, liefert er weder den Bericht seiner Reise, noch erlöst er sie aus dem ewig währenden Warten. Er kommt, um bei ihnen zu sterben. Der Wirklichkeitsgehalt der beschriebenen Ankunft des Mannes bleibt bis zum Schluss ungewiss, möglicherweise ist das angebliche Erkennen des zurückkommenden Mannes eine Halluzination der Frauen – oder ihre Einschreibung in eine scheinbar reale Situation und Identifikation, die von den Figuren immer wieder versucht wird. So vermögen die vom Autor kursiv markierten Passagen in den Figurenrepliken die beschriebene Situation in Frage zu stellen, indem sie Zitate oder Kommentare darstellen und so den artifiziellen, eigensinnigen Charakter der Aussagen betonen. Die partielle Informiertheit des Zuschauers über die – allein mögliche, aber doch wohl fiktive – Rückkehr des begehrten Mannes stellt die Spannung her. Nicht zuletzt entsteht die Spannung durch das häufige Herauszögern des Satzendes, das eine Welle von vorausgehenden Wiederholungen begrenzt.

Der hier angeführte Anfang des Dramas exponiert den Berg als herausgehobenen Ort einer außergewöhnlichen Erfahrung: die angebliche Rückkehr des »verlorenen Sohnes«, der erwartet wird gleich einer messianischen Gestalt. Die hier beschriebene Landschaft ist Kulisse der Selbstinszenierung der fünf Frauen. Vor- oder zurückgreifend entwerfen sie Lebensformen, die sich nur knapp voneinander unterscheiden lassen. Es gibt aufgrund der Aufspaltung in mehrere Frauenfiguren keine konsistenten Individuen, sondern Sprecherinnen, die auf kunstvolle Weise weibliches Rollenverhalten annehmen und Sprachstrukturen freilegen. Die Figur der Älteren berichtet abschnittsweise auch von einem Leben mit anderen Männern, ihrem Beruf als Lehrerin und der verlorenen Zeit, die sie mit dem Verlassen der Familie womöglich hätte wettmachen können. Am Ende drückt sie dennoch den Wunsch aus, ihren Frieden zu finden und zu bleiben.

Textanfang:
DIE ÄLTERE
Ich war in meinem Haus und wartete, dass der Regen kommt. ...

Leider konnten wir für die auszugsweise Wiedergabe des Textes keine Genehmigung erhalten. Da dieses Buch auch zum eigenen Lesen anregen möge, drucken wir die einleitende Kontextbeschreibung ab und verweisen auf Textanfang und Textende des beschriebenen Monologs. Dieser ist zu finden in:

Lagarce, Jean-Luc: Ich war in meinem Haus und wartete, dass der Regen kommt. Übersetzt von Jarg Pataki. In: Renate Schäfer (Hrsg.): Scène I. Neue Theaterstücke aus Frankreich. Frankfurt am Main: Verlag der Autoren 1999, S. 253–301; S. 257 f.

Textende:
... Ich sah ihn auf mich zugehen.

Tennessee Williams (1911–1983)
Endstation Sehnsucht

Drama in 11 Szenen
Uraufführung: 3.12.1947, Barrymore Theatre, New York
Deutschsprachige Erstaufführung: 10.11.1949, Schauspielhaus Zürich

33   Blanche du Bois

Szene: 4. Szene
Ort: Stellas und Stanleys Wohnung in New Orleans; früher Morgen

Blanche du Bois, Lehrerin, ist zu Besuch bei ihrer Schwester Stella und deren Mann Stanley Kowalski in New Orleans. Während eines Pokerabends erlebt Blanche, wie ihr Schwager seine schwangere Frau schlägt, Stella sich aber nicht von ihm trennen kann. Blanche ist entsetzt: Drastisch charakterisiert sie in der hier abgedruckten Szene Stanley als Tier und kontrastiert ihn mit der Zivilisation, der Sublimierung durch die Kultur.

Freilich ist dies reine Utopie, reine Sehnsucht, wie auch der Name der Straßenbahn lautet, die ins Französische Viertel führt. Williams zeigt im neo-realistischen Stil die Trostlosigkeit der amerikanischen Gesellschaft; psychologisch konstruiert er seine Figuren, ihre Träume und Sehnsüchte. Die Lügen seiner Figuren künden von einer Welt, die längst vergangen ist oder so nie existierte. »Belle Rêve« – »Schöner Traum« – heißt so auch das Landgut, in dem die beiden Schwestern aufwuchsen und das nun verloren gegangen ist. Nach und nach erweisen sich auch die Schilderungen Blanches als Lügen: Nicht auf Erholungsurlaub hat sie die Schule geschickt, wie sie vorgibt; sie wurde aufgrund ihres »unmoralischen Lebenswandels« gefeuert. Immer mehr wird das Bild einer fragilen, morbiden Blanche offenbar, die, wie viele der Figuren Williams', in die Sucht flieht. Ihre Gier nach Sex trieb sie letztlich in die Arme eines Siebzehnjährigen. Sie ist dem Alkohol verfallen.

An Blanches Geburtstag bricht Stanleys Wut heraus, er schenkt ihr ein Rückreiseticket. Auch Blanches Verehrer, Mitch, distanziert sich. Und Blanche flüchtet: Ein Ölmillionär werde sie abholen; eine Reise in die Karibik sei geplant. An seiner Stelle aber erscheint ein Irrenarzt, an dessen Arm Blanche lächelnd das Zimmer verlässt. Blanches Ideale und Träume durchqueren und übersteigen die Wirklichkeit.

BLANCHE
[…] Du wirst doch nicht derart unsere Kinderstube vergessen haben, Stella, dass du *annehmen* kannst, er hätte auch nur im geringsten etwas von einem Gentleman! Keinen Funken! Nichts! Ja, wenn er nur – *gewöhnlich* wäre! Einfach *vulgär* – aber sonst gut und zuverlässig – nein! Er hat etwas regelrecht – Bestialisches – an sich! Du hasst mich jetzt sicher, weil ich das sage?
[…]
Er benimmt sich wie ein Tier, er hat das Verhalten eines Tieres! Isst wie ein Tier, bewegt sich wie ein Tier, redet wie ein Tier! Er hat wirklich etwas – Unter-Menschliches –, etwas, das noch nicht ganz ins Stadium des Menschlichen getreten ist! Ja, etwas Affenartiges, so wie auf den Abbildungen in anthropologischen Untersuchungen! Tausende und Abertausende von Jahren sind spurlos an ihm vorübergegangen, und da haben

wir ihn nun – Stanley Kowalski – Überlebender der Steinzeit! Bringt aus dem Dschungel das blutige Fleisch seiner Beute nach Hause. Und da bist *du* – und *wartest* auf ihn. Vielleicht schlägt er dich, vielleicht grunzt er aber auch nur und küsst dich. Das heißt, falls man das Küssen schon erfunden hat. Nacht bricht herein, und die anderen Affen versammeln sich vor seiner Höhle! Alle grunzen wie er, und saufen und schlingen und spielen sich auf! Sein Pokerabend! – wie du das nennst – eine Affenparty! Einer knurrt, einer schnappt sich was – die Balgerei geht los! *Mein Gott!* Vielleicht sind wir weit davon entfernt, ein Ebenbild Gottes zu sein, aber, Stella – liebe Schwester – ein *bisschen* Fortschritt hat es doch bereits gegeben! So etwas wie Kunst – wie Poesie und Musik – so etwas wie Erleuchtung ist doch in die Welt gekommen! Bei manchen Menschen gibt es zu zarteren Empfindungen doch Ansätze! Und die müssen wir *weiterentwickeln*! Und an ihnen *festhalten*, wie an unserer Fahne! Auf diesem Weg in unsere wie auch immer geartete Zukunft ... *Bitte – bleib nicht zurück bei den Unmenschen!*

George F. Walker (Geboren 1947)
Suburban Motel. Problemkind

Deutsche Erstaufführung: 21.–24.8.2003, schaubühne am lehniner platz, Berlin.

In einer mit dem schauspielfrankfurt und dem Schauspielhaus Zürich koproduzierten szenischen Einrichtung. Regie: Arnim Petras, Enrico Stolzenburg, Thomas Ostermeier

34 **Denise**
Szene: 5. Szene
Ort: Billiges Motelzimmer, irgendwo in Amerika

Alle Szenen des siebenteiligen Zyklus Suburban Motel (*Problemkind / Nur für Erwachsene / Genie und Verbrechen / Loretta / Das Ende der Zivilisation / Die Hölle da draußen / Risiko*) tragen sich am immer gleichen Schauplatz zu: in einem billigen Motelzimmer, irgendwo in Amerika. Der schäbige Ort bestimmt die Klientel: Hier checken Ex-Knackis, Cops und Verbrecher ein, Huren und solche, die es werden wollen, Jäger und Gejagte, Glücksritter auf der Suche nach der letzten Chance, insgesamt zwanzig dubiose Charaktere wie aus einem Film von Quentin Tarantino. Die Helden des Stückes sind allesamt Loser, und jeder von ihnen hat einen mehr oder minder einfachen wie genialen Plan, um dem Elend seines Lebens auf die Sprünge zu helfen. Sarkastischer Überdruss und die tiefe Sehnsucht nach einer gültigen Sicherheit inmitten des Chaos' zeigen sich dabei in einer wilden Vermischung der dramatischen Genres: Boulevardsmalltalk und Sitcom treffen auf Melodram und brutalen Realismus.

In *Problemkind* kämpfen Denise, eine ehemals drogenabhängige Prostituierte, und ihr gerade aus dem Gefängnis entlassener fernsehkranker Freund R.J. bei der Sozialarbeiterin Helen um ihr Kind. Ein schwieriges Unterfangen, weil Helen immer im falschen Moment ins schmuddelige Motelzimmer schneit. In dieser ersten Episode aus dem Walker-Zyklus hoffen beide Eltern darauf, dass ihre noch bei Pflegeltern untergebrachte kleine Tochter bald zu ihnen zurückkehren darf. Während sich R.J. ganz als verantwortungsvoller Vater darzustellen versucht, sogar der Kirche beitritt, gerät die hypernervöse Denise leicht aus dem Gleichgewicht. Als sie erkennen muss, dass ihre Hoffnung eine trügerische ist, beschließt sie, ihre Tochter entführen zu lassen ...

Walkers Figuren geben sich nicht auf, sie wollen mit allen Mitteln überleben und schrecken dabei auch nicht vor Entführung, ja Mord zurück. *Suburban Motel* ist ein grotesker Reigen um Gewalt, Verführung und Geld, der grell, poppig und komisch vom Elend des Kapitalismus erzählt. In diesem »Megastück über zeitgenössisches urbanes Leben« funktionieren die einzelnen Stücke unabhängig voneinander, ergänzen sich aber in Thema und Ton. Einige Figuren erscheinen in mehr als einem Stück. Für alle Figuren symbolisiert der Raum ein Übergangsstadium. Fast alle kommen in das Motel, weil sie nach einer Zukunft suchen, die irgendwie besser ist als ihre verzweifelte Gegenwart. »Es herrscht gar nicht so eine große Distanz, wie wir gern denken würden, zwischen uns, die wir im Zuschauerraum sitzen, und Walkers Randfiguren. Walkers Arbeitsweise in *Suburban Motel* erlaubt weder, uns von seinen Verrückten zu distanzieren, noch uns mit dem Gedanken zu trösten, dass das, was auf der Bühne passiert, niemals uns passieren könnte. Er stellt normale Menschen in absurde Situationen – oder absurde Figuren in normale Situationen. So erzielt Walker seine dunklen, komischen Effekte.« (Chris Johnson)

DENISE
Vorhin, als du weg warst, ist alles ein bisschen komisch gelaufen. Ich überlege gerade, wie ich dir das erklären soll. Ob es vielleicht irgendeine Fernsehshow gibt, mit der ich es vergleichen könnte. [...] Ich weiß nicht, Mann. Uns krabbelt hier das Leben über den Kopf, und du kümmerst dich nur um den Schrott, den du da in dem blöden Kasten siehst. Deshalb frage ich mich, ob du vielleicht gar nicht in der Lage bist, zu verstehen, was ich dir zu sagen habe ... was weiß ich, vielleicht sollte ich einfach ins Fernsehen gehen und mich auf einen dieser dämlichen Sessel hocken. Heulen. Und dann würdest du mich sehen und meine Geschichte hören, und dein Herz würde aufgehen und du würdest verstehen. Aber wenn ich dir bloß erzähle, wie es passiert ist, und ich bin bloß ich, und du bist bloß du ... ich weiß nicht, ich weiß nicht ...[...] Sie ist tot. [...] Helen. [...] Sie ist tot ... Hingefallen und mit dem Kopf gegen das Klo geknallt. [...] Ein Teil ist aus ihrem Kopf. Und ein Teil aus ihrer Hand, als sie sich geschnitten hat. [...] An einem Glas. Ich hatte nichts damit zu tun. [...] Nicht direkt. Ich glaube, sie hat mehr Blut aus ihrer Hand verloren, weil ich zu fest zugedrückt hatte, und da ist ihr schwindlig geworden. Ich glaube, so war das ... [...] Ich wollte sie erschießen, aber ich habe es nicht getan. Sie hat gesagt, wir kriegen unser Kind nicht mehr zurück. Sie hat gesagt, ich soll's mehr oder weniger vergessen, und ich dachte, okay, vergess ich's halt. Eine Kugel für dich und eine für mich, und dann ist es vergessen. Aber ich habe es nicht getan. Klar, vielleicht hat sie mir die Entscheidung abgenommen, indem sie hingefallen und mit dem Kopf gegen die Kloschüssel geknallt ist. Aber ich glaube nicht. Ich glaube, ich hatte schon entschieden, die Pistole nicht zu benutzen. Damit noch Hoffnung bleibt. Also, sicher bin ich mir nicht, denn das Timing

war ... knapp. Aber ich glaube, ich hatte schon entschieden. Und dann stand Phillie da mit den Handtüchern, und in meinem Kopf fing es an zu rasen. Kennst du ja, wie es manchmal rast, wenn ich mich aufrege. Genau so. Nur anders. Denn diesmal war alles klar. In meinem Kopf. Zielgerichtet. Daher wusste ich, was ich als erstes zu tun hatte. Und ich hab's getan. [...] Es war vorbei, bevor sie umkippte. Wir waren am Ende, als Eltern. Unser Leben. Unsere Zukunft. Alles, was wir vorhatten, war vorbei. Sie wollte auf gar keinen Fall, dass es dazu kommt. Ich habe sie nicht umgebracht. Aber ... es hätte vielleicht so ausgesehen als ob ... also haben Phillie und ich sie begraben. [...] Draußen hinterm Haus ... [...] Sie hatte den Namen in ihrem Adressbuch. Von den Pflegeeltern ... [...] Ich hab [Phillie] die Pistole gegeben. [...] Ohne Munition. Nur die Pistole. Damit er ... was in der Hand hat, wenn er auf Widerstand stößt. Ich denke, das läuft schon. Sie kennen ihn nicht. Er wird einfach an der Tür klingeln. Mich würden sie wahrscheinlich erkennen. Sie hat mich wahrscheinlich beschrieben. Hat wohl gedacht, ich dreh da was ... Deshalb konnte ich es nicht selber machen ... weil sie sie vorgewarnt hat. [...] Ich will mein Kind. Ich kann nicht ohne sie schlafen, ich kann nicht ohne sie essen. Ich kann nicht ohne sie leben. Und ich will sie jetzt! Ich will sie. Sonst will ich nichts. Wenn ich es habe, wird alles gut. Das verspreche ich. Wenn das klappt, wird alles gut ... Wenn ... Bitte lass es klappen!

Jon Fosse (Geboren 1959)
Lila / Purple

Uraufführung: 20. 2. 2003, Traverse Theatre, Edinburgh. Regie: Cilin Bardie
Deutsche Erstaufführung: 15. 1. 2004, Deutsches Schauspielhaus, Malersaal, Hamburg.
Regie: Jens Zimmermann

35 Das Mädchen

Ort: Probenraum einer Band in einer alten, ehemaligen Fabrik, der Raum ähnelt einer Art Luftschutzbunker

Bei *Lila / Purple* handelt es sich um den seltenen Fall eines Jugendstückes von Jon Fosse. In *Lila / Purple* werden »die Lehrjahre des Herzens« beschrieben: die Zeit von Jugend und Pubertät – eine Zeit voller Träume, Erwartungen, Annäherungen, Unsicherheiten, geprägt von Eifersucht, Unzufriedenheit und Frustration – kurz: die Verwirrung der Gefühle. Der folgende Monolog ist der Beginn des Stücks. Allerdings handelt es sich original um einen Dialog zwischen DAS MÄDCHEN und DER JUNGE.

Der Junge öffnet eine ungewöhnlich breite Stahltür, er hält die Tür auf, und das Mädchen tritt herein. Der Raum ist vorerst noch dunkel, bis zu dem Zeitpunkt, als der Junge das Licht anschaltet. Der Raum zeigt sich zum ersten Mal für Publikum und Mädchen: »*Eine Art Luftschutzbunker, altersdunkle, rohe Betonwände, keine Fenster, ein paar Mikroständer, Laut-*

sprechersäulen und Verstärker; eine schwarze Gitarrre und eine Bassgitarre lehnen jede an einer Lautsprechersäule, ein Schlagzeug ist aufgebaut, am Boden Kabel, leere Flaschen, Dreck und Abfall, ein Holzstuhl.«

Der Auftritt bietet die Möglichkeit, Angst und Unsicherheit des Mädchens in verschiedenen Facetten darzustellen. Angst gegenüber dem Raum – sowohl unheimlicher Kellerraum als auch beeindruckender Band-Probenraum der Jungs, den sie vorher noch nie betreten hat. Das Mädchen bewegt sich somit auf für sie fremdem Terrain. Genauso fremdes Terrain offenbart sich ihr gegenüber dem Jungen – hier an diesem Ort können sie allein sein, ein bisschen reden, vielleicht aber auch mehr als das. Das Mädchen weiß nicht ganz, wie sie sich verhalten soll – ganz so wie es bei der ersten Liebe eben ist.

Die Auslassungen sind in diesem Fall Textpassagen des Jungen, der dem Mädchen ihre Unsicherheit nehmen will und all ihre Äußerungen beschwichtigt. Es bietet sich an, an diesen Stellen weitere Pausen einzufügen, denn Pausen sind wichtige Elemente in Fosses Texten, in denen es oft um Ungesagtes geht. Die Sprache kann wie eine musikalische Komposition betrachtet werden.

> DAS MÄDCHEN
> *schaut sich um*
> Das soll ein Probenraum sein
> das hier
> *Ziemlich kurze Pause*
> Ich krieg ja Angst
> wenn ich runter soll
> ich
> und ja
> ja es riecht so modrig
> Und es ist so kalt hier drin
> [...]
> Ja
> *kurze Pause*
> aber dass es so tief unten ist
> die ganzen Treppen runter
> so eine unheimlich alte Fabrik
> [...]
> Können wir nicht wieder rausgehen
> Ich fühl mich so eingesperrt
> *Kurze Pause*
> [...]
> *nimmt den Jungen beim Arm*
> Wir gehen
> wir gehen hier raus
> oder
> ja
> ja können wir nicht
> *Lässt seinen Arm los*

diese große unheimlich alte geschlossene Fabrik
Die kenne ich seit ich klein war
ich hab die schon immer
so unheimlich gefunden
und dann noch in den Keller runter
diese ganzen Treppen
immer tiefer runter
und dann
ja
[...]
Komm
wir gehen wieder raus
[...]
Ich hab bisschen Angst
du
ja
ja können wir nicht wieder rausgehen
oder so
Nimmt den Jungen bei der Hand, und er wird etwas verlegen
Stell dir vor wir werden hier eingesperrt
Kurze Pause
Wenn die Tür zufällt und nicht mehr aufgeht
hier sind keine Fenster
Nichts
[...]
Doch wir gehen
hier ist es so kalt
Kurze Pause, lässt seine Hand los
Wie will man hier Musik machen

Wladimir Georgijewitsch Sorokin (Geboren 1955)
Hochzeitsreise
Ein Vaudeville in fünf Akten
Uraufführung: 2.11.1995, Volksbühne am Rosa-Luxemburg-Platz, Berlin

36 Maša Rubinstein, eine Jüdin aus Moskau, in den 80er Jahren emigriert, gelegentlich spaltet sie sich in Maša 1 und Maša 2.
Szene: 1. Akt

Maša, eine emigrierte russische Jüdin, Tochter einer ehemaligen Untersuchungsrichterin des NKDW (russisches Volkskommissariat für innere Angelegenheiten), lernt in Paris Günther von Nebeldorf kennen, den Sohn des ehemals berüchtigten SS-Kommandeurs Fabian von Nebeldorf, und nimmt seinen Heiratsantrag an. Zwischen der leichtlebigen Maša und dem von Schuldgefühlen zerfressenen Günther entwickelt sich eine seltsame Liebes-, Heils- und Unheilsgeschichte. Günther entschuldigt sich andauernd verklemmt für deutsche Schuld, aber Maša bedeutet ihr Judentum nichts, sie ist dem Leben und der sexuellen Lustbarkeit zugewandt.

In dem abgedruckten Monolog spricht die innerlich zerrissene Maša zu der zurückgelassenen Freundin Marina, die verhaftet wurde. Diese innere Spaltung der Figur entspricht dem Bühnenbild, das aufgeteilt ist in ein Alpenpanorama (Maša 1) und einen leeren, kalten Raum (Maša 2).

Der Autor gehört zur postkommunistischen russischen Avantgarde, deren Motto »Subversion durch Affirmation« lautet, also Umsturz durch Bekräftigung. Er selbst bezeichnet sein Stück als »Pop-Art der Trivialität«. Themen wie Naziverbrechen, Antisemitismus, Vergangenheitsbewältigung und Schuldtraumata treibt er in diesem Stück absichtsvoll ins gleichzeitig kitschig Banale und lächerlich-schaurig Groteske.

MAŠA 1 *nimmt aus dem Bild die »Alpen«, wirft sie* MAŠA 2 *zu*
Mein Goldstück, du hast sicher eine Stinkwut auf mich, beschimpfst mich mit den letzten Worten! Zu Recht! Die Freundin hockt im Lager und dieses Miststück Maša ist in den Westen abgehauen, anstatt, wie man so sagt, das Los zu teilen. Dazu hat sie noch eisern geschwiegen, wie ein Partisan im Verhör. Schimpf nur auf mich, Kätzchen! Ich bin ein Schwein! Oh, wie bin ich froh, dass du da durch bist, und dieses Scheißlager hinter dir hast! Vier Jahre für eine stinkende Handvoll Hasch! Als ich's erfahren habe, hats mich fast umgehauen! Unter Jelzin wäre so eine Schweinerei nicht passiert: der Untersuchungsrichter hätte dich einfach gevögelt und ziehen lassen, wie damals im 18. Polizeirevier, erinnerst du dich? Erinnerst du dich, wie wir dann bei Borka einen draufgemacht haben? Wie er uns der Reihe nach rangenommen hat? Und wie wir uns dann noch wegen des Manikürsets in die Haare gekriegt haben, und er uns dann auf seine männliche Art besänftigt hat! Ha-ha-ha! Weißt du, Kätzchen, als ich erfuhr, dass man ihn in Petersburg einen Kopf kürzer gemacht hat, da hab ich geheult. Und dann hab ich auf Borkas Seelenfrieden getrunken. Rat mal, was? Richtig, mein Goldstück! »Absolut«!

MAŠA 2 *fängt den Eisklumpen mit den Alpen auf, stellt ihn auf das Weißbier, mit der Abbildung nach unten*
Marina, als mich die traurige Nachricht von deiner Verhaftung erreichte, war mein Herz drauf und dran zu zerspringen. Ich betete und weinte, ich haderte mit Gott und verfluchte unseren totalitären Staat, der es fertigbrachte, eine so reizende Frau vier Jahre lang ihrer Freiheit zu berauben, nur wegen ihrer Schwäche für den Staub eines wilden Gewächses, das in den freien Weiten von Usbekistan sprießt.
MAŠA 1 *nimmt die »Weißwurst«, wirft sie* MAŠA 2 *zu*
Alles für den Arsch, mein Schätzchen! Vergiß das Alte, wie einen schrecklichen Traum. [...]

Thomas Bernhard (1931–1989)
Ein Fest für Boris
Uraufführung: 29. 6. 1970, Deutsches Schauspielhaus, Hamburg. Regie: Claus Peymann

- **Die Gute, beinlos.**
Szene: 1. Vorspiel
Ort: Haus der Guten. Leerer Raum. Hohe Fenster und Türen.

Durch einen Sturz in einen Lichtschacht hat die »Gute« vor zehn Jahren ihren Mann und ihre Beine verloren. Seitdem lebt sie in einem Rollstuhl. Vor zwei Jahren hat sie Boris geheiratet, einen beinlosen Krüppel aus dem benachbarten Asyl. Von den Kranken aus diesem Asyl hat die »Gute« auch ihren irritierenden Beinamen erhalten, denn sie ist alles andere als gut. Sie erträgt nur Krüppel um sich, und schikaniert und demütigt ihre Pflegerin und Vorleserin Johanna am laufenden Band.
Im »Vorspiel« verschafft sich die »Gute« durch Anprobieren von Hüten und Handschuhen mühsam die Illusion eines festlichen Lebens. Später im Stück lädt sie zu Boris Geburtstagsfeier dreizehn beinlose Krüppel aus dem Asyl ein. Während diese gierig Kuchen essen, sich Träume erzählen, sich beklagen und darüber beraten, wie sie sich gemeinsam umbringen könnten, stirbt Boris, von allen unbemerkt. Der Tod ist sein schönstes Geburtstagsgeschenk, und im Schlussgelächter der »Guten« klingt die Enttäuschung mit, dass sie Boris als Objekt ihrer Herrschsucht verloren hat.

Textanfang:
DIE GUTE
Es ist kalt ...

Leider konnten wir für die auszugsweise Wiedergabe des Textes keine Genehmigung erhalten. Da dieses Buch auch zum eigenen Lesen anregen möge, drucken wir die einleitende Kontextbeschreibung ab und verweisen auf Textanfang und Textende des beschriebenen Monologs. Dieser ist zu finden in:

Bernhard, Thomas: Ein Fest für Boris. In: Ders.: Gesammelte Stücke in 4 Bänden. Band 1. Frankfurt am Main: Suhrkamp 1988. S. 7–77; S. 11 ff.

Textende:

...

Später

Später ...

Peter Handke (Geboren 1942)
Untertagblues
Ein Stationendrama
Uraufführung: 1. 10. 2004, Berliner Ensemble. Regie: Claus Peymann

37 EINE WILDE FRAU
Szene: 20. Szene
Ort: U-Bahn

Das Stück, gegliedert in 20 Szenen, ist ein Stationendrama, in dem an jeder Station, an der die U-Bahn hält, EIN WILDER MANN die Zusteigenden – Junge, Alte, Frauen, Mädchen, Männer, Menschen aus dem Alltag – wütend, selbstgerecht, zornig, himmelstürmend und hybrid beschimpft: »Liebe häßliche Zeitgenossen: das Schlimmste daran ist, daß ich angesichts eures Unglücks und/oder Glücks der Häßlichste von uns allen geworden bin. Grimasse zu Grimasse, Staub zu Staub, Unkraut zu Unkraut: Dabei bin ich einmal so schön gewesen. Wie schön war ich einmal. Wie grün war mein Tal. Wie hoch war der Himmel. [...] Und die Stabreime meiner Sätze. Und meine Stirn ein Empfangsschirm für gute und schöne Götter in jeder Menge und in allen Größen.« So sieht sich der WILDE MANN als Prediger, Gottsucher, Weltverbesserer, Dichter, dessen Hasstiraden an Handkes frühes Stück *Die Publikumsbeschimpfung* erinnern. »Ein Stationendrama« heißt der Untertitel, der auf die Stationen des Leidensweges Christi in den mittelalterlichen Oster- und Passionsspielen untergründig verweist, so dass Handkes Stück real und symbolisch ist, wie auch die Namen der Stationen zugleich Metaphern, irreale Phantasieorte und Konkretionen sind: »New York«, »Jerusalem«, »Santa Fe«, »Dorngrube«, »Dolina« »Hakubutsukandubutsuen«. Die Reise führt durch den Untergrund der Städte, durch ein Traumreich der Imagination, in dem die Menschen den fortwährend sprechenden Mann kaum wahrnehmen, nicht erkennen, ein- und aussteigen, tun, was sie immer tun: »Lesen, Kopfwenden, Mobiltelefonabhören, usw. ...« Am Ende seiner Unterfahrt »ohne Himmels- oder Oberlicht« ruft er verzweifelt: »Ach, allein kann ich einpacken. Wo bleibt ihr, liebe Häßliche?«

Da steigt eine Frau ein »von blendender und zugleich medusenhafter Schönheit, entsprechend kostümiert, in Richter- oder Rächerrobe. Er krümmt sich vor ihr noch mehr zusammen, wie auf einer Armensünderbank.«
Sie ist seine »letzte Station«. Wie in vielen Handke-Stücken ist die unerklärliche Frau eine Nova (*Über die Dörfer*), eine Erzählerin *(Zurüstungen zur Unsterblichkeit)*, eine Halt Gebietende, eine Vollenderin. Die Zu- und Ausgestiegenen erscheinen wieder und haben sich wie in einem Märchen »herausgeputzt und schön gemacht, ähnlich der WILDEN FRAU.«

DIE ZUGESTIEGENE ODER WILDE FRAU *nach einer Pause, auf und ab gehend, zwischendurch auch mit dem Rücken zum* WILDEN MANN. *Dann gähnt sie ihn an. Dann fletscht sie ihn an:*

Zu spät. Zu spät kommt deine Reue. Du Friedensstörer. Du Störenfried. Du wolltest uns wohl das letzte Wort gesagt haben? Aber so kommst du mir nicht davon. Trübe Gäste? Nein, du, der trübe Gastgeber. Lieblos wie ein enttäuschter Liebhaber. Oder wie ein unglücklich Verliebter. Nur solche können so gründlich lieblos sein. Oder? Oder? Schau mich nicht an, wenn ich dich anrede. Wenn du mich anschaust, ist es um dich geschehen. [...] Dein Schönheitswahn dein Verderben. Der Schönheitsbedürftige muß elendig enden, und recht geschieht ihm. Du Schönheitssucher: hast so dein Herz verloren? Hattest wohl nie ein Herz, vor Schönheitswahn? *Sie macht eine Geste des Augenausstechens und des Halsdurchschneidens.* Weg mit dir. Hinweg mit dir in die Menschenferne und die Menschenleere. Dort wirst du japsen nach der hiesigen Häßlichkeit und der häßlichen Hiesigkeit und ausrufen in einem fort: Ach, liebe Häßliche, wo bleibt ihr mir? Auf eine unbewohnte Insel mit dir? Nein, auf einen unbesiedelten Planeten, wo der ewige Frühling herrscht, samt nichtendenwollenden Schäfchenwolken am ewigrosa Himmel. Dort wirst du das Gesicht allein in den Wind halten, Freund. Unsterblich allein wirst du dort sein dürfen, allein mit deinem rosaroten Firmament. Und die Büsche und Bäume dort, alle mit samt- und seideweichen Blättern, werden dir in einem fort über Stirn und Wangen streichen. Und Falter in Paradiesfarben werden alldort von Morgen bis Mitternacht auf dir landen. Und Milch, Honig und Selterswasser werden dir dort fließen sommers wie winters. Und sämtliche Paradiesvögel werden dir dort aus den Händen picken – selbst der böse Adler, der dem Prometheus die Leber zerhackt. Und eine beständige laue Brise wird dir die Seiten deiner endlich ins Unendliche zu lesenden Bücher umblättern. Und dein Kaschmirschal wird dich von früh bis spät und spät bis früh umhalsen. Und dein unzerreißbares Baumwollhemd wird dich herzen. Und deine unverwüstlichen Lederflicken dich beknieen. Und dein Cape dich in unbeirrbarer Treue umfangen. Und die Schneeflocken werden dir zärtlich den Hinterkopf tätscheln. Und so wirst du bis zum Sanktnimmerleinstag allmächtig allein durch dein Steppengras taumeln und mit der Seele baumeln. *Sie macht eine Geste des Köpfens, Aufhängens und Erschießens.* Strafversetzt auf deinen Stern allein: alles wird dir unendlich schön und endlos schrecklich sein. Winseln wirst du dort noch nach dem Anblick eines Topfhuts auf einem geschrumpften Altweiberschädel. Flehen um die Begegnung mit einem kackbraunen Lodenmantel. Lechzen nach einem zünftigen Stammtischgrölen. Ächzen nach dem Gequietsche eines Koffers auf Rädern. Schluchzen in Gedanken an die grünen Nachbarfensterläden. Juchzen in Erinnerung an alle die Gummipflanzen neben allen den Fernsehern. Tapsen nach einem zu dir verflogenen orangenen Pingpongball. Japsen und grapschen nach allen den verrutschten Strumpfhosen, nach dem Aufknallen von Stöckelschuhen, nach dem wippenden Frauenkurzhaar, nach der Pelzmantelträgerin, die auf Plastikkrücken ging, nach dem Mädchen, das dir im Vorbeigehen seinen Kaugummi ins Gesicht platzen ließ. *Sie nähert sich ihm unter weiteren Gesten des Andenkragengehens.* DER WILDE MANN *blickt fortgesetzt unverwandt zu ihr auf, begleitet weiter ihre Gesten, wiederholt sie, oder nimmt sie voraus, hängt jeweils schon im Voraus an ihren Lippen.* Ja, Häßlicher du. Allerhäßlichster, der du alles verhäßlichst mit deinem häßlichen Blick. Allein, wie du schon dahockst, mit den einwärts verkehrten Füßen, die Daumen verdrückt in die Fäuste, den Schädel schief zwischen den Schultern, so halslos wie haltlos. Und so jemand erwartet sich für jede Station eine Schönheitskönigin? *Wie an die Zuschauer:* Schaut doch, wie alles an dem da in die falsche und dumme Richtung geht. Wie ihm sogar die Haare in die falsche Richtung fallen, da, die dicke dumme Strähne über seinem einen Ohr. *Sie wirft ihm zusätzlich, fast wortwörtlich, einiges an den Kopf, was er selber zuvor auf die Mitfahrer gemünzt hat. Das Gesagte trifft nicht zu?* Und schaut, wie ihm der Adamsapfel ruckt und zuckt, als wären's zwei Adamsäpfel, oder drei. *Das Gesagte trifft nicht zu?* Und sein Rollkragenpullover mit dem Reißverschluß bis hinauf unters Kinn, mit der blechernen Lasche ganz oben am Verschluß: wie sie wackelt und klappert und schleppert. *Sie wiederholt einige seiner vorherigen Schmähungen. Das Gesagte trifft nicht zu?* Und schaut, das Riesenportemonnaie, wie es ihm hinten aus der Gesäßtasche ragt, so riesig wie miefig und leer, bis auf das wie eine Kostbarkeit gefaltete zeitgenössische Gedicht. Du: verholzt von deinem Schönheitswahn. Du: verkümmert vom Schönheitssuchen. Ja, wußtest du denn nicht, daß heutzutage die Schönheitssuche und die Verkümmerung Hand in Hand gehen? Natur- wie Geschichtsgesetz. Daß einem, der andauernd Ausschau hält nach etwas Schönem, die Augen austrocknen? Natur- wie Geschichtsgesetz. Daß vom Schnappen nach der Schönheit die Lippen zerreißen und die Zunge verdorrt? Daß vom Äugen nach dem Schönen einem die Augen hervorquellen wie bei einem Frosch in einem Jauchesumpf? Und wußtest du nicht, daß du dir, mit einem Dasein abseits, unter einem scheinbar größeren und schöneren Himmel, das Dasein und den Himmel verscherzt? Ah, du und dein »Die Schönheit hat recht – die Schönheit ist im Recht – die Schönheit ist das Recht«: Jetzt hast du dein Recht, Mann. Hier hast du dein Recht, Bruder. Hier hast du deine Strafe, Baby. Du ... du ... du Monolog du. [...]

Botho Strauß (Geboren 1944)
Die eine und die andere
Stück in zwei Akten
Uraufführung: 27. 1. 2005, Bayerisches Staatsschauspiel, München. Regie: Dieter Dorn

38 **Elaine**
Szene: 2. Akt, 1. Szene: Luftgeister
Ort: Trainingsplatz

Die eine ist Insa Breydenbach, Wirtin einer verlassenen, verfallenen Pension im Oderbruch. Sie wartet auf ihren letzten Stammkunden, ihre letzte Liebe, eine letzte Umarmung. Die andere ist Elisabeth Kelch, die ihr vor Jahren schon einmal den Mann weggenommen, der sie aber wiederum verlassen hat. Sie kämpfen einen erbarmungslosen, erbitterten Kampf, der unaufhörlich ihr Leben durchzieht und in einer »letzten Partie« endet. Beide haben ein Kind von demselben Mann, Elaine und Timm, die sich begegnen, nicht wissend, dass sie Halbgeschwister sind, und wie zwei Königinnenkinder nicht zueinander kommen können. Sie sind einsam, in ihrem eigenen Kosmos kreisend, in sich selbst verstrickt, schmerzvoll sich nach einem anderen sehnend, aber ohne eine Berührung zu wagen, eine neue Zukunft zu beginnen. Elaine fügt sich Schmerzen zu, um überhaupt etwas zu spüren. Timm möchte immer helfen, ohne helfen zu können. In Elaines Name steckt das Wort Alien, sie ist sich und den anderen eine Fremde. Nur scheinbar ihr Gegenüber als ein Du benennend, redet sie in monologischen Sequenzen.

In der folgenden Szene, dem Beginn des zweiten Akts, spricht sie zu den Vögeln, den Luftgeistern, während sie ihren Körper trainiert. Sorgsam beschreibt der Autor ihre Bewegungen, die sich in Variationen stets wiederholen, ohne zu einem wirklichen Start zu führen. Darin lässt der Dramatiker bereits ihre Selbstbezogenheit aufscheinen, in der sie wie in einem Hohlraum gefangen ist:

Elaine in Turnhose und Shirt beim Training für den Kurzstreckenlauf. Etwas entfernt Timm auf einer Bank [...] Während ihres Redeflusses bewegt sie sich geschmeidig und unruhig auf der Bank. Indem sie ein rotes Tuch aus dem Hosenbund zieht, Stirn und Nacken damit abwischt, mit beiden Händen die Haare glattstreicht, die Arme kurz und scheinbar endgültig unter den Brüsten verschränkt, um sie gleich wieder zu öffnen und offen auf die Schenkel sinken zu lassen, die Beine übereinanderschlägt, sich am Knie kratzt, wieder die Arme unter den Brüsten verschränkt, sich am Ellbogen kratzt, mit der inneren Handkante sich unter der Nase entlangwischt, die Schultern rollt, den linken Fuß auf den rechten Oberschenkel zieht, die Fußsohle kratzt (ein Startschuss vom weiterlaufenden Recorder), das zwischen Zeige- und Mittelfinger eingeklemmte Tuch [...] zu Boden fallen lässt [...], auf das Tuch hinunterblickt, das ihr nun einer ihrer freundlichen Luftgeister aufhebt und zurückgibt, wofür sie sich lächelnd bedankt und es artig wieder in den Hosenbund steckt. Das Klettband noch einmal versetzt [...]

ELAINE
Meistens hänseln mich die Luftgeister nach einem Fehlstart. Sie pieseln mir auf den Kopf. Sie stehlen mir einen Schuh. Sie reißen mir ein Stück aus dem Kleid. Ein Stück aus dem Haar, ein Stück aus der Wange. Noch ein Stück aus dem Kleid. Ein Stück aus der Hüfte ... Schadet ja nichts. So sind sie eben, die Rotte da oben. Hauchzart, mit Wespentaille und Eulenklaue. Ich glaube eben daran. Ich glaube auch an den Puck im Eierpikser. Aber die Stare sind noch mal etwas anderes! Die schwarze Wolke! Der Stareschwarm. Ich mag sie nicht mehr flattern sehen. Es regt mich auf. Ich werde selbst ganz flatterhaft. Alles was viel ist, wird mir zuviel. Sieh nur, wie sie die Bäume füllen. Schwarzes Gewimmel. Alles was viel ist, wird mir zuviel. Deshalb spricht man zu Recht vom Affenstall, wo's eben drunter und drüber geht, und man selbst verliert den Überblick. Für mich ist die ganze Natur ein einziger Affenstall. Im Sommer ist es etwas erträglicher. Vor allem wenn es sehr heiß ist. Dann haben auch die lieben Vögelchen ihre Durchhänger. Das ist alles eine Frage der Zuvielheit. Die Stare in den Bäumen, das ist für mich die reine Chaosfrequenz. Davon bekomme ich ein Nervenleiden.
Weißt du, die singen ja nicht. Tschilpen oder tirilieren nicht, auch schon eine Belastung. Die quietschen ja, die quietschen wie aneinandergeriebene Babyschnuller. Vielleicht ist es das Babyschnullerquietschen, das mich so unruhig werden lässt. Da rasten sie auf den hohen Buchenästen zu Hunderten. Hunderte gefiederte kleine schwarze Geschöpfe. Flatternde Föten. Denk nur an die schwarze Masse Ungeborener, die schwarze Wolke, die uns einhüllt, das viele Leben, das du und ich jeder auf seine Weise durch Verhütungsmittel abgebogen haben. Das plagt mich an dem Gequietsche so. Dass man es hunderte Male nicht hat drauf ankommen lassen, ob ein Baby entsteht oder nicht. Ihm nicht einmal die geringste Trefferchance gegeben, ja oder nein. Dafür flattert es ächzend über uns, die ganze Luft ist voll, das schwarze Leben, es ist eben doch irgendwo hervorgekrochen und flattert uns wie irre vor den Augen, Hunderte quietschende Stare. Du wunderst dich schon wieder. So groß die Augen!

Elfriede Jelinek (Geboren 1946)
Malina
Ein Filmbuch nach dem Roman von Ingeborg Bachmann
Kuchenreuther Filmproduktion, München, 1991. Neue Studio Film GmbH, Wien.
Regie: Werner Schroeter

- **Die Frau**
  Szene: 110. Szene
  Ort: Hotel Sacher

Elfriede Jelineks Filmbuch beruht auf dem Roman *Malina* (1971). Er ist die Summe des schriftstellerischen Werkes einer der größten deutschsprachigen Autorinnen der Nachkriegszeit: Ingeborg Bachmann (1926–1973). Darin erforscht die Ich-Erzählerin reflektierend und schreibend ihre existentielle Situation als Frau und Autorin in einer von Männern geprägten Welt. Diese Polarisation spiegelt sich in der bedingungslosen, leidenschaftlichen Liebe zu Ivan – »Glücklich mit Ivan« heißt der erste Teil des Romans –, in ihren Träumen im zweiten Teil des Romans – »Der dritte Mann« –, in dem Ivan als mörderische Vaterautorität erscheint, und in der Doppelung ihres Gegenübers Malina, das ihr männliches Alter Ego ist, hinter dem sie im Schlussteil des Romans – »Von letzten Dingen« – wie in einem Spalt in der Mauer verschwindet. Als Ivan anruft, erwidert Malina: »Nein, gibt es nicht. Hier ist keine Frau.« Der Schlusssatz des Romans lautet: »Es war Mord.«

Elfriede Jelinek hat den komplexen Roman zu einem ergreifenden Filmbuch gestaltet und dabei die Figur Malina der Rolle der Frau gegenübergestellt. Zu ihr schreibt Elfriede Jelinek: »Eine bekannte Schriftstellerin, österreichischer Paß, Haare bl., geboren in Klagenfurt, wohnhaft Ungargasse 6, Wien III. Sie hat in Philosophie promoviert. Ihren Namen erfährt man nicht. Eine intellektuelle, aber zugleich sensible und zerbrechliche Frau, auf vielerlei Arten gefährdet. Sie kann nicht leben. Verfolgt von Ängsten, verfolgt von Leuten, die ständig etwas von ihr wollen, das sie nicht geben kann, und getrieben von einer Liebe, die IHR nicht genug geben kann, obwohl sie alles von ihr fordert, lebt sie ständig in einem Aufruhr ihres Gefühls gegen ihren Verstand.«

Die hier aufgenommene Szene, die im Hotel Sacher in Wien spielt, zeigt komprimiert die Gespaltenheit der Frau und versinnbildlicht eindringlich ihre Liebesangst und Todesobsession.

> Textanfang:
> DIE FRAU
> Nein … nicht hier! Ich kann hier nicht sitzen! …

Leider konnten wir für die auszugsweise Wiedergabe des Textes keine Genehmigung erhalten. Da dieses Buch auch zum eigenen Lesen anregen möge, drucken wir die einleitende Kontextbeschreibung ab und verweisen auf Textanfang und Textende des beschriebenen Monologs. Dieser ist zu finden in:

Jelinek, Elfriede: Malina. Ein Filmdrehbuch von Elfriede Jelinek. Nach dem Roman von Ingeborg Bachmann. Mit Mathieu Carrière als Malina und Isabelle Huppert. In einem Film von Werner Schroeter. Frankfurt am Main: Suhrkamp 1991, S. 132–134

Textende:
… und den Gästen gezeigt.

Elfriede Jelinek (Geboren 1946)

Der Tod und das Mädchen IV (Jackie)
Prinzessinnendramen
Uraufführung: Der Tod und das Mädchen IV-V: 24. 11. 2002, Deutsches Theater, Berlin.
Regie: Hans Neuenfels

39 Jackie

In den *Prinzessinnendramen* treten fünf tote »Prinzessinnen« auf, deren Tode man aus Märchen, Musik, Literatur und Medien kennt. Bei Elfriede Jelineks Prinzessinnen und Vorzeigedamen moderner Zeit handelt es sich um Wiedergängerinnen – lebende Tote –, die kein Prinz erlösen kann. Als Vierte erscheint Jackie Kennedy – *Der Tod und das Mädchen IV* ist ein reines Monologstück. Alle *Prinzessinnendramen* zeichnen sich durch einen entwaffnenden selbstironischen Blick aus. Es handelt sich um Frauen, die sich dem männlichen Bild der »Frau« willentlich fügen.

Die ehemalige First Lady resümiert ihr Leben und das der anderen Toten, die daran teilnahmen: Jack bzw. John F. Kennedy, die gemeinsamen Kinder und Marilyn Monroe, die Geliebte ihres Mannes. Der gewählte Auszug erzählt in erster Linie von Jackies Auftreten und ihrer Erscheinung als glamouröse Fashion-Ikone, denn nicht zuletzt war Jackies Stil Vorbild für unzählige Frauen – auch nachfolgender Generationen. Nach Meinung Elfriede Jelineks sollte Jackie in einem Chanel-Kostüm auftreten, die Autorin schreibt in der einleitenden Regieanweisung, »*da müssen Sie aber schon sehr gute Gründe haben, wenn Sie das anders machen!*«. Sie beschreibt unter anderem weiter: »*Die Schauspielerin soll die […] Toten mühevoll hinter sich herschleifen und daher beim Sprechen immer atemloser werden, keuchen, bis sie den Monolog irgendwann abbrechen muß, weil sie nicht mehr kann.*« Sie endet ihre Regieanweisung mit einer ironischen Regiebemerkung: »*Aber Sie werden ja sicher was ganz andres machen.*« Der ausgewählte Teil des insgesamt recht langen Monologtextes befindet sich in der ersten Hälfte, man kann also davon ausgehen, dass Jackies Konstitution noch damenhafte Formen trägt. Die eingefügten Songtexte stammen von Jacqueline Kennedy selbst.

JACKIE
Moment, ich muß mich nur erst in meine Form hineinlegen, die ich durch die Kleidung vorgegeben bekommen habe, und ich habe Mr. Cassini angewiesen, die Kleidung nach meinen Maßen anzufertigen, aber so, daß sie mich niemals berührt. Mich darf nichts und niemand berühren, wenn ich es nicht will. Bloß, das Schicksal hat sich nicht daran gehalten. So, jetzt bedecke ich noch meine abgekauten Fingernägel mit den üblichen halblangen oder langen Handschuhen, und das wars auch schon. […]

Mit all meiner kostbaren Kleidung, diesen Haufen und Haufen von Stoff, bestehend aus reinen Grundlinien, von denen aus all die Pässe, die Treibbälle gespielt werden, gut gezielt, aber nur einmal, nein, zweimal wirklich gut getroffen, mit all diesen Fetzen, bald flächig, bald voluminös gebauscht, will ich vortäuschen, ich hätte darunter gar keinen Körper. Obwohl ich den doch, sportlich, straff, muskulös, in dieser neuen Variante, die ab den sechziger Jahren überall zu kaufen war, wenn ihn sich auch nur wenige leisten konnten, präsentierte, sozusagen als gehaltlosen Gehalt präsentierte, in zahllosen Zeitschriften. Im Fernsehn. Im Kino. Ich weiß nicht wo noch überall. Ich wurde also betont, das heißt, ich wurde tonangebend. Betonung muß nicht Steigerung sein, wie ich schon sagte, es kann auch Steigerung in der Zurücknahme sein. Immer dezent, das ist wichtig, immer die eigenen Reize spiegeln, sie im Spiegel entstehen lassen, nur ja nicht selber reizvoll sein, dann wäre man ja ein Mensch! [...] Über meine Kleidung hat man geredet, fast noch mehr als über mich, und das heißt was! Die war meine Schrift, meine Kleidung. Meine Kleider waren individueller als meine Sprache, verstehen Sie, und dabei waren sie eben doch nur Linien, die die Grundform sind, der ganze Zierat nur aufgesetzt, schlicht, essentiell. Kreis, Quadrat, Kugel, Würfel. Die Paßform wich vor mir zurück, weil ich die Taille gerade nur so umspülte wie die Wogen die Venus, schaumgeboren. Ich war aber der Schaum auf den Träumen anderer, Fremder. Unzähliger Fremder. Wie komisch. Wie konnte ich noch mehr erreichen? Die Träume selber sein? Um Gottes willen. In jedem sein. Wie entsetzlich. Da bin immer nur ich, an der verwehten Küste. Die Sommerurlauber sind weg, und da bin nur noch ich. I love the autumn, and yet I cannot say all the thoughts and things that make one feel this way. I love walking on the angry shore, to watch the angry sea; where summer people were before, but now there's only me. Ein Ausdruck huscht über mein Gesicht, er rennt, er bemüht sich, aber er wird dennoch sofort eingefangen und festgehalten von all den Kameras. Da bin niemals mehr nur ich. Nie mehr. Er entflieht, mein lieber Ausdruck, bevor ich mich um Einzelheiten bemühen kann, und jetzt steht er überall, als ein Blöder. Nein, blöd war er nie, das stimmt nicht.

Elfriede Jelinek (Geboren 1946)
Bambiland
Uraufführung: 12.12.2003, Burgtheater, Wien. Regie: Christoph Schlingensief

40

»Wartainment«. Der Krieg im Irak als Medienspektakel, das wie eine Real-live-soap noch in den Partykellern der Zuschauenden konsumiert und dann wiedergekäut werden kann. Die Autorin Elfriede Jelinek flicht in ihrem 2003 geschriebenen Theatertext *Bambiland* mediale Nachrichten und Berichterstattungen vor allem von CNN und Zitate aus der griechischen Tragödie *Die Perser* von Aischylos zu einem eigenen Text. Darin wird immer wieder der Versuch unternommen, dem Gequatsche der Medien und ihren »embedded journalists« zu entkommen. Doch ein hoher Tragödienton über die Katastrophe des Krieges schlägt nicht an: Als Medienbeobachterin bildet Elfriede Jelinek die Sprache des Kriegsentertainments nach, das Bombenangriffe kommentiert wie das Fußballtor des Monats.

Den hier abgedruckten Ausschnitt aus Jelineks Wir-Monolog einer einzelnen, weiblichen Sprecherin zuzuordnen ist eine Behauptung.

[Die] Technik, die ist ja das eigentliche Wunderwerk, dagegen ist der Mensch ein Dreck. Keiner hat sich je soviel Mühe gemacht, wenn er Menschen herstellen wollte, das geht ja ganz von selber, aber diese Tomahawk, das glaubt mir ja keiner: Autonomes Kurssteuerungssystem (Starten und dann Vergessen). Vom Satellitennavigationssystem reden wir später oder besser gar nicht, zu kompliziert, dynamisch kalibriertes Trägheitsnavigationssystem, zusätzlich Bodenradar zur Geländeerkennung (TERCOM), aber was machen wir, wenn sich in der Wüste das eine Gelände vom anderen nicht unterscheidet? Was machen wir, wenn die dann in Saudi-Arabien runterkommen, wo sie nun wirklich nichts zu suchen haben? Ja, was machen wir dann? Was die Tomahawk macht, das weiß sie jedenfalls. Ist ja auch das Wichtigste. Hohe Zielgenauigkeit (50% der Treffer in einem 2 qm Zielfenster!) durch Kombination mehrerer Navigations- und Zielerkennungssysteme, und da fliegt sie, echt, da fliegt sie und weiß sogar genau wohin! Das können Sie von sich nicht behaupten! Und auch Ihr Einsatzbereich als Mensch ist ein Scheiß dagegen, was ja kein Wunder ist, wenn man bedenkt, wie lieblos Sie hergestellt wurden, auf jeden Fall viel zu rasch und meist voreilig, ich sagte es schon, also der Einsatzbereich beträgt 1600 km bei 800 km/h, was ja nicht soviel ist, aber schneller geht's nicht, wichtig ist die Genauigkeit, nicht wahr, werfen Sie Ihren Blick auch auf das hocheffiziente Turboverdichter-Strahltriebwerk, sowas hätten Sie auch gern, was? Im Gegensatz zu Ihnen, die Sie leider oft am Ziel vorbeischießen, besteht hier eine geringe Abschußgefahr durch ein sehr kleines Radarprofil (Stealth) und die niedrige Flughöhe von 15-100 Metern, wir werden noch hören, warum das ein Risiko ist (hohe Winkelgeschwindigkeit, kurze Vorwarnzeit), Lieferzeit bei Stückzahlen unter 100 sofort, falls Sie jetzt gleich eine brauchen, Stückpreis der Standardausführung (ohne Warhead, ja, leider ohne Warhead, der kostet extra, da kann man nix machen): $ 650 000. Größere Stückzahlen auf Anfrage. Rückgabe bei Nichtgefallen, natürlich ungebraucht. Also das muß ich doch wohl nicht eigens erwähnen. Ich könnte noch viel mehr zur Kurssteuerung sagen, aber das hebe ich mir noch auf. Sie können derweil überlegen, wieviel Stück Sie kaufen wollen. Wenn Sie sie kaputtmachen wollen, aber da wären Sie echt ein Unmensch, wenn Sie drauf schießen, auf die ganze schöne Technik, dann bitte eher auf den hinteren Teil zielen, wo die kleinen Flügerl angebracht sind, schauen Sie, ja, dort! [...] Damit das Geschoß besser sehen kann, brauchen wir den Helios. Nein, dann brauchen wir eher das kartengestützte Bodenradar (TERCOM), ja, genau das. Der Helios soll jetzt da herleuchten, damit das Geschoß seine einprogrammierte Geländeprofilkarte wenigstens lesen kann, wenn es schon das Gelände nicht sieht und die Dünen eine von der andren nicht unterscheiden kann. Sand Sand Sand. O je. Sand. Beim Sand ist ein Korn wies andre, das ist Tatsache. Da nutzt es nix, wenn der Helios leuchtet und das Geschoß verzweifelt seine einprogrammierte Karte mit aktuellen Messungen des Höhenradars vergleicht, es nützt ihm nichts. Kursabweichungen werden erkannt und korrigiert. Oder auch nicht. Oder auch nicht. Es ist im Prinzip so gedacht, daß im Abstand von wenigen Kilometern vom Zielort die Nahradar-Zielmustererkennung bestimmt, und zwar bestimmt sie mit Hilfe von Vergleichen der Gelände- oder Gebäudeformationen mit den eingespeicherten Mustern den Einschlagsort, und dann schlägt sie ein, wumm! Daneben! Schon wieder daneben! Dafür gibt es keine Erklärung. Die verirren sich trotzdem. Dafür gibt es keine rationale Erklärung, also ich habe keine, Sie vielleicht? [...] Ohne Strafe können wir das den Geschossen nicht durchgehen lassen. Die machen das doch sonst immer wieder. Die dürfen jetzt dort nicht mehr fliegen und aus. Was höre ich? Drei sogar in der Osttürkei niedergegangen? Also Touristen haben sie dort sicher nicht absetzen wollen, die Deppen. Also da hört sich ja alles auf. Der Krieg aber nicht. Der kriegt nicht genug. Der nicht. Nein, der nicht. Der kriegt den Hals nicht voll, der kriegt den Arsch jetzt voll.

Mona Winter (Geboren 1956)
Ich, eine von dir

Uraufführung: 20. 11. 2001, Gasteig, Black Box, München.
Regie: Mona Winter / Sona MacDonald

41 Luluise / Marie

LULUISE und MARIE sind eine Person. Hierbei handelt es sich um die Dichterin MARIELUISE FLEIßER. Ihr Leben und Schreiben bekommt durch die Liebe zu Brecht einen radikalen Push. *Pioniere in Ingolstadt*, dessen zweite Fassung unter Mitarbeit von Bertolt Brecht entstand, löste 1929 im Theater am Schiffbauerdamm in Berlin einen Skandal aus. Der Monolog ist ein Selbstgespräch. Zwei Seelen in einer Brust. Er thematisiert den Widerstreit zwischen LULUISE, der Welt- und Brecht-Liebenden, und MARIE, die es zum mythischen Leib der Heimat zieht. Er erzählt von einem Paradoxon, das beinahe jeden Menschen zerreißt: Ablösen und Verschmelzen, Freiheit und Fügsamkeit, Chaos und Ordnung. Wo befinde ich mich? Wo will ich sein?

LULUISE

Achtung, Marie, die Pioniere! Marschieren noch immer über meinen Leib! Und beschleunigen meinen Abgang in Richtung Grube. *Denkt nach.* Jawohl, das Stück wurde über meine Leiche gespielt. Mensch Marie, das ist aber hart, kein Bürger zu sein. Richtig unmenschlich. Weiß man die letzten Dinge? Man weiß die quälende Unsicherheit um die einfache Existenz. Wo die Existenz ideal zum Schönexistieren ist. *Abgehackt.* Brecht macht kaputt. Denn Brecht ist eine Potenz. Aber Brecht stellt meine Schreibkünste aus. Ich fühle mit einem fremden Körper. Ich fühle mich exponiert. Verlangt er von mir, was nicht drin ist? Ja, er will den politischen Slang. Den kommunistischen Biss. Also gut, lass ich mich darauf ein. Pioniere! Schmerz meines Lebens. Hexenjagd in Ingolstadt. Die alte bayerische Soldaten- und Festungsstadt zähnefletschend. Die Heimat kotzt. Die Provinz aber will sich ehrbar haben. Den Skandal zieht man an den Haaren herbei. Brecht nagelt mich ans Kreuz. Lieber Brecht, du lässt die Paare in meinem Stück auf dem Friedhof zwischen Totenköpfen vögeln. Der Dichter muss durch Ärsche durch, dann wird man eine Modegröße und landet im Olymp, sagst du. Ist das nicht eine Beinschraube, mit der du mir da kommst? Schreckst du nicht auch noch vor härteren Martern … wie Holzkeile unter Nägel treiben … zurück? Dem Brecht ist Kunst ALLES. Der eigene Maßstab. Gott. Da haben wir was gemein. Sicher, mit einem genialen Trick zieht er mich aus dem Nichts, Marie, hörst du, aus dem Nichts! Ich soll ein Stück auf der Höhe der Zeit schreiben! Sagen wir mal, wie ein Pariser Automobil von einem Amateur zusammengebastelt. Eben ein Stück wie keines. Keines, hörst du? Hinterher werde ich in Jauche gestoßen. Aber Brecht gebe ich gegen jedermann Recht, am meisten gegen mich selbst. Au! Das geht ins

Fleisch! Plötzlich bin ich ein gefundenes Fressen und weiß nicht warum. Und da sind sie schon! Killerhunde im Parkett! Biedermänner unterm Biertisch. *Schnell. Fieberhaft.* Hilfe, in meinem Kopf wird es weiß. Ich stürze in Ohnmacht und zur Ohnmacht erwache ich. Ich bin eine jüdisch-marxistische Volkspest. Ich bin ein zersetzendes Frauengemüt. Ich bin eine schlimme Josephine Baker der weißen Rasse. Ich bin eine vaterländische Hure. Frag mich nicht, wie alles kam. Ich bin ein Instinkt. Wenn man ihn weckt, macht er sich auf. In Berlin hält man mich für einen neuen Star, nur jetzt fehlen mir die Allüren.

MARIE
Berlin?! Naja! Grad gut soll's dir gehen bei uns Luluise. Hier, im Kreise der Unseren. Wir Daheimgebliebenen! Wir Anwesenden! Wir Gebürtigen! Wir Häuslichen! Wir sitzen tief im Fleisch unserer Väter. Das ist dir doch hoffentlich nicht zuwider? Lavendel und Rosen, die Kaninchen im Stall, der Stadtpfarrprediger in der Volksbücherei, sie alle warten auf dich. Frag nicht penetrant, was eine Neunundzwanzigtausend-Einwohner-Stadt dir bringt. Aus dem Boden kommst nimmer raus. Hier ist nicht Amerika. Hast dich viel zu lange hingehängt an etwas Fremdes. Tu wie wenn's daheim wärst. Sicher, wir, die wir im Warmen sitzen, kommen für die Götter zu spät, aber wir sitzen im Nest. Da soll uns mal einer wegjagen ins Nichts! Schließlich sehen wir wie Menschen aus und riechen auch so. Am Tag kennst du jede Straßenkrümmung. Und weißt, wo der Laubfrosch einen Luftsprung macht. Nicht alle genießen das Glück, den Luftsprung vom Laubfrosch zu kennen.

LULUISE *trotzig*
Jetzt will ich einen Stapel weiß liniertes Schreibpapier kaufen und dazu ein Gesicht wie Braunbier und Spucke machen. Für mich gibt es schließlich noch mein eigenes bockiges Selbst, oder?

Werner Schwab (1958 – 1993)
Die Präsidentinnen
Drei Szenen
Uraufführung: 13. 2. 1990, Künstlerhaus, Wien. Regie: Günther Panak

42 Mariedl

Szene: 2. Szene
Ort: Eine kleine Wohnküche, bis an die Decke vollgeräumt mit Plunder (Photos, Souvenirs, sehr viel religiöser Kitsch, gerahmte Kalenderbilder, Gefäße u.s.w.), trotzdem ist alles sorgfältig aufgeräumt.

Die Präsidentinnen, das sind: Erna und Grete, zwei Pensionistinnen, sowie die wesentlich jüngere Mariedl, die verstopfte Toiletten wieder durchrauschen lässt. Mariedl »ist am ärmlichsten gekleidet, zurückgekämmtes Haar, ihre Füße stecken in viel zu großen Bergschuhen«. Alle drei sitzen in Ernas kleiner Wohnküche, schauen Papstmessen, unterhalten sich über das Leben und das Sparen, über Hitler, über die Liebe und »das Geschlechtliche«. Sie beginnen über ihre Lebensträume zu reden und legen ihre Vorstellungen in die Phantasie eines Festes: Erna wird von Wottila, einem katholischen Fleischer, ausgeführt, der ihr einen Heiratsantrag macht und sie zur Feier ihrer Verlobung auf ein Selchfleischbrot – ausnahmsweise sogar mit Ei – einlädt. Grete ist mit Lydi, ihrem Hund, auf dem Fest, aber der fesche Tubist Freddy wird ihr den Finger in den Hintern stecken; auch sie werden sich verloben. Mariedl ersehnt sich gesellschaftliche Anerkennung – die abgedruckte Passage entstammt ihren Träumen. Letztlich zerstört sie mit ihren Vorstellungen die Geschichten der anderen; worauf diese ihr den Hals durchschneiden.

Schwabs Welten sind hypernaturalistisch; in überhöht-künstlicher Sprache zeigen sie Abgründe auf: Mord, Kannibalismus, Volksvernichtung. Seine Figuren sprechen von sich meist in der dritten Person; ihre Gefühle, ihre Leiden, ihr Leben werden zu bloßen Dingen degradiert.

> MARIEDL
> Und die Mariedl darf auf dem Fest hinten bei der Schank mithelfen. Fleißig wischt sie alles sauber und manchmal darf sie auch einen Gast bedienen. Die Augen der Menschen bewundern die geschickten Hände von der Mariedl, wie sie den Aufwischfetzen bedienen. Und da stürmt ein feiner Herr herein in das Fest und erzählt ganz erschreckt den vergnügten Menschen, daß der Abort verstopft ist, daß alle Aborte verstopft sind, daß die menschliche Jauche schon bis an den Abortrand heraufreicht. […] kein einziger Abort ist frei. Außerdem wird die Aufregung immer größer, weil ein Abort schon übergegangen ist. Die Menschen fuchteln mit den Armen und rufen: Wo ist die Mariedl, die machts auch ohne; holt die Mariedl, weil das Klo muß erst verstopft werden, das der Mariedl widerstehen kann.
> […] Und da ist die Mariedl auch schon entdeckt worden zwischen den Menschen. Die Menschen lassen die Mariedl hochleben. Hoch, hoch hoch, rufen die Menschen und tragen die Mariedl auf den Schultern hinaus auf den Abort. Da wartet schon der Herr Pfarrer und lächelt so spitzbübisch, der hat nämlich ein frisches Paar rosarote Gummihandschuhe in der Hand und baumelt damit herum vor dem Gesicht von der Mariedl.

Aber die Mariedl schüttelt nur den Kopf. Da lachen die Menschen, weil sie schon gewußt haben, daß die Mariedl den Kopf schütteln wird. Und alle Menschen machen jetzt den Platz frei, weil die Mariedl an die Arbeit schreiten will. Da zieht sich die Mariedl auch schon ihre grüne Weste aus und krempelt die Ärmel hoch von ihrer rosaroten Bluse.
[...] Jetzt ist die Mariedl schon mitten in der Arbeit, aber sie hat noch nichts gefunden. Das ist nämlich ganz tief unten, was die so bedrückt, und die Menschen haben auch so einen festen Stuhl hineingemacht, einer nach dem anderen kommt zum Vorschein. Da spürt die Mariedl etwas, das gleich noch fester ist als ein Stuhl. Hart und glatt ist es und irgendwie rund. Jetzt kriegt sie es in die Finger und da ist es eine Konservendose, und noch dazu eine Dose, die noch gar nicht aufgemacht ist. Und da klatschen die Menschen, wie die Mariedl die Dose in die Höhe hält und das Klo durchrauscht. Und da sagt der Pfarrer, daß die Dose jetzt der Mariedl gehört und wirft ihr einen Dosenöffner zu. Sie soll doch hineinschaun was da gutes drinnen ist. Schnell wird der Stuhl von der Dose weggewischt und die Dose geschickt aufgemacht. Und da ist es ein Gulasch, wie die Dose offen ist, und wie das schon gut riecht. Daß es ein ungarisches Gulasch ist, sagt der Pfarrer, ein würziges, und da wirft er der Mariedl eine Gabel zu und eine Semmel.
[...] das hat die Mariedl ja auch wirklich noch nie erlebt, daß man eine Kloverstopfung aufessen kann. Die Menschen stehen im Kreise um die Mariedl herum, halt ein paar Meter weg, versteht sich ja, weil die sind ja alle so empfindsam wegen dem Abortgeruch. Aber sie vergönnen der Mariedl das schmackhafte Gulasch, das kann man genau sehn, weil die Menschen alle so lächeln. Und jetzt, wo das Gulasch ein Ende hat, da rufen sie ihr zu: hopp hopp hopp hopp. Alle zugleich tun sie die Mariedl anfeuern für den nächsten Abort.
[...] Und schon langt die Mariedl kräftig hinunter, die kann was schaffen, die Mariedl. Das aufgeweichte Klopapier hat sie schon heraufgefischt und den dünneren Stuhl auch, da spürt sie schon wieder etwas Hartes ... wie ein Glas ist das, denkt sie sich, und schwupp, da ist es schon am Tageslicht. In der Muschel rauscht es wieder durch, daß es eine Freude ist, und was hat die Mariedl in der Hand? Eine Bierflasche, eine ganze Flasche Bier und auch noch ungeöffnet. Aber das paßt ja so gut zum Gulasch dazu, danke Hochwürden, sagt sie, weil sie weiß ja ganz genau, daß der Herr Pfarrer der Mariedl eine Freude hat bereiten wollen und da hat er wie ein Osterhase die Überraschung im Abort versteckt, eine Flasche gutes steirisches Bier. Und jetzt weiß die Mariedl auch, warum der dritte Abort verstopft ist. Wahrscheinlich hat der Herr Pfarrer, der Gauner, da auch was versteckt. Da bin ich ja schon so neugierig, was in der dritten Schüssel verborgen liegt.

René Pollesch (Geboren 1962)

www-slums

Lebende Serie in sieben Folgen
Uraufführung: 8. 11. 2000, Deutsches Schauspielhaus, Hamburg. Regie: René Pollesch

- **Caroline / Ostern Weihnachten**
  Szene: 4. Folge: Deregulierte Märkte brauchen deregulierte Emotionen
  (Die Hamburger Müllnacht)
  Ort: Eine Voodoo-Lounge

www-slums ist eine Soap fürs Theater, bestehend aus sieben einzelnen Folgen. Die Handlung spielt in einer Zukunft, die durch Arbeitslosigkeit, technischen Fortschritt, globale Vernetzung, Armut an sozialen Kontakten, Wirklichkeitsverlust und eine ausgeprägte Form des Kapitalismus gekennzeichnet ist, der sich auf alle Lebensbereiche ausdehnt. Selbst Gefühle und Individualität werden im Rahmen dieses »Turbokapitalismus« zu käuflichen Produkten. Die Menschen haben den Markt verinnerlicht; Marketing ist ihnen zur zweiten Natur geworden. Selbstverwirklichung wird der Logik des Kapitals unterworfen und dadurch zum Ausverkauf des eigenen Ich.

Die Figur »Ostern Weihnachten« kam »vor langer Zeit von irgendwoher in die world wide web-slums, als Erwerbsarbeit das entscheidende Kriterium zur Bewertung der gesellschaftlichen Position war.« Sie besitzt einen Körpercomputer in der Größe einer Kreditkarte, der ihr Anweisungen gibt, wie sie komplizierte Maschinen zu reparieren hat. Die Tatsache, dass sie gewissermaßen »ihr eigenes Notebook«, das Anhängsel einer Maschine, ist, irritiert sie sehr: »Ich weiß irgendwie nicht mehr, was Computer an mir ist und WAS NICHT!« Aber auch technisch macht ihr der Computer große Probleme. In der ersten Folge fängt er sich einen Virus ein, was dazu führt, dass »Ostern Weihnachten« nur noch Popcorn spuckt und exorziert werden muss. Später, von ihrem Körpercomputer befreit, arbeitet sie in einem Callcenter, um dann bei Drahos Kuba einzuziehen. Dieser hat einen gut bezahlten Job am »Highend der Technologie« und deshalb nie Zeit. Er bezahlt »Ostern Weihnachten« dafür, dass sie für ihn ein Zuhause simuliert. Von Drahos' Haus aus beginnt »Ostern Weihnachten« als Nutte zu arbeiten, indem sie ihren Körper im Netz verkauft. In diese Zeit fällt der abgedruckte Monolog.

Er zeugt von Entfremdung durch technischen Fortschritt, von der Ausrichtung individueller Wünsche an der Marktwirtschaft und einer paradoxen Situation, die durch den Verkauf des eigenen Körpers und Gefühls in der körperlosen und anonymen Sphäre des world wide web entsteht. Die groß geschriebenen Passagen werden in Inszenierungen Polleschs geschrien.

Textanfang:
CAROLINE / OSTERN WEIHNACHTEN
Ich wünschte, ich hätte eine nette Geschäftsidee ...

Leider konnten wir für die auszugsweise Wiedergabe des Textes keine Genehmigung erhalten. Da dieses Buch auch zum eigenen Lesen anregen möge, drucken wir die einleitende Kontextbeschreibung ab und verweisen auf Textanfang und Textende des beschriebenen Monologs. Dieser ist zu finden in:

Pollesch, René: www-slums. Herausgegeben von Corinna Brocher. Reinbek bei Hamburg: Rowohlt 2003, S. 214–240; S. 238 f.

Textende:
... weil die LEUTE MICH SO GERNE DA RUMHÄNGEN SEHEN!

Igor Bauersima und Réjane Desvignes (Geboren 1964 bzw. 1969)
Boulevard Sevastopol

Uraufführung: 31. 3. 2006, Burgtheater, Akademietheater, Wien.
Regie: Igor Bauersima

43 **Anna**

Szene: 1. Szene
Ort: In einer Vorstadt

Man kann die Medizinstudentin Anna auf der ganzen Welt sehen. Man findet sie und ihre Reize auf einer erotischen Website. Anna kommt aus Moskau, will nach Paris und sitzt in einer Vorstadt fest. Ihre Papiere verwahrt Ivan, bis sie ihre Schlepperschulden bezahlt hat.
Zed ist Annas Liebe. Sie liebt es, sich mit ihm Geschichten auszudenken, nachtwandlerische Ausflüge in die Fantasie. Aber Anna kennt Zed nur aus dem Netz. Glaubt sie. Denn später im Stück muss Zed aus seinem Versteck kommen und bekennen, wer er ist, wenn er seine Liebe retten will.
In Bauersimas neuem Stück überlagert sich die Erzählebene des Chats mit der des gemeinsamen Erfindens von Geschichten, bis Realität und Fiktion ununterscheidbar sind.
In dem abgedruckten Text spricht Anna mit Zed, der nicht antwortet, in einem Chatroom.

ANNA Zed, ich seh' dich. Du bist es doch. Du bist seit fünf Minuten da. Ich kann dich sehen. Du wolltest schauen, was die von mir wollen, gib's zu, du wolltest zuschauen. Du bist zu spät gekommen. Die Show ist vorbei. Warum sagst du nichts?
–
ANNA Du sagst nichts? Na gut. Dann schweig ich auch.
–
ANNA Sie wollten erst, dass ich mich hier rumwälze und irgendwas rede. Nichts Bestimmtes. Kaum hatte ich ein Thema gefunden, wurde ihnen langweilig und sie befahlen, ich solle nicht dozieren und über was anderes reden. Am meisten mochten sie, als ich beim Wälzen über Dinge geredet hab, die ich nicht verstehe: Börsenkurse und Management und so. Dann wollten sie, dass ich ihnen erzähle, was sie mit mir tun werden und so weiter ... Sag endlich was, du Spanner!
–

ANNA Ok. Sie hatten wohl keine Ideen. Also musste ich Vorschläge machen. Also hab ich vorgeschlagen, sie würden mich in eine Ecke stellen, bis ich pinkeln muss. Und dann würde ich vorkommen, und ihnen ins Gesicht pinkeln. Das hat ihnen gefallen. Das wollten sie. Aber leider war die Idee dann schon alt.
Also verlangten sie, dass ich mich schlage. Erst sollte ich mich nach jedem Satz ins Gesicht schlagen. Das kann ich. Ohne dass es weh tut. Und zu dem sollte ich erzählen, wie sie es mit mir machen. Ich also auf die Knie. Mit der einen Hand schlage ich mir ins Gesicht, mit der anderen zerre ich an meinen Haaren rum und erzähle dazu, wie mir der eine seinen dicken Schwanz in den Mund schiebt, und dazu mach ich diese Geräusche, als ob ich gerade ein Schwert verschlucken würde, und der andere zerrt mir von hinten das Höschen runter und fasst mir zwischen die Beine und schiebt mir den Daumen rein ...
Du bist auch ein wenig pervers, dass du dir das anhörst, von mir. Ich dachte, ich hätte eine Beziehung mit dir. Machst du's dir gerade? Du machst es dir wohl gerade. Warum meldest du dich nicht an? Wir haben uns ganze drei Tage nicht gesprochen und jetzt sowas!
—
ANNA Ich seh das, wenn einer als Gast reinkommt, der schon mal einen Namen hatte! Ich seh deine IP. Die leuchtet hier im Verzeichnis auf, wenn einer schon mal da war. Ist zum Schutz, wegen der Kranken, sagt Ivan. Ich glaub, der sammelt Daten über Kunden und verkauft das Zeug weiter. Auch über dich!
Jaja. Jeder darf es wissen.
—
ANNA Ok. Dann mach ich jetzt mal aus. Wir waren zwar verabredet, aber wenn du schweigst, geh ich.
[...]
ANNA Hast du sie nicht alle? Warum sagst du nichts? Wir wollten den Rest unseres Lebens zusammen verbringen, und du schweigst mich an!
[...]
Und das an meinem letzten Tag!
[...]
Ich zahle heute die letzte Rate und bekomme dafür meinen Pass zurück. Schau, das ist hier zwar eine Webcam und ich hab mich zwei Jahre lang ausgezogen, für Geld, aber deswegen sind hier im Haus nicht gleich alle Kriminelle. Die sitzen vermutlich gerade um einen Tisch herum und unterhalten sich darüber, ob es normal ist, wenn ein kleines Mädchen mit Autos spielt ...

Albert Ostermaier (Geboren 1967)
Es ist Zeit. Abriss

Uraufführung: 12.10. 2001, Schauspielhaus Bochum. Regie: Matthias Hartmann

44 Dor

Einen Mann, Castou, zieht es immer wieder zu den Orten und Menschen, die sich verabschieden, er ist dort, wo etwas aufhört: ein Leben, eine Idee, eine Liebe, dort, wo die Mauern einfallen, Häuser implodieren, Erinnerungsräume vernagelt werden. »Wo etwas zu Ende geht, geht er mit, begleitet die Menschen und Dinge auf ihrem letzten Weg.« In dem abgedruckten Text erzählt das Mädchen Dor, bei einem Treffen in einem Hotelzimmer, ihrem Freund Lux von der Begegnung mit Castou auf einem Parkdeck. Der Monolog endet in Vorwürfen gegen Lux und zeigt die Beziehungskrise auf, in der sich Dor und Lux befinden. *Es ist Zeit. Abriss* ist ein reines Monologstück. Aus vier sich geschickt überschneidenden Perspektiven wird die immer gleiche Geschichte erzählt, von Liebe und Verlassen, Lüge und Mord. Vier Figuren, vier verschiedene Versionen derselben Geschichte. Und es stellt sich die Frage, was zwischen Castou und Dor auf dem Parkdeck passiert ist. Hat Castou das Mädchen Dor und ihren Freund Lux auf dem Gewissen? Ist Dor vielleicht freiwillig vom Parkhaus gesprungen? Und wer ist der rätselhafte Dufin? Eindeutige Antworten gibt es nicht, da jede Figur ihre eigene subjektive Wirklichkeit erzeugt. Und was passiert ist, ist weniger wichtig als der Umstand, dass es genauso gut überhaupt nicht passiert sein könnte.

DOR
in zukunft
werde ich mich nur noch auf
die frauenparkplätze stellen ich
war schon fast am wagen da
stand er hinter mir und ich bin
aus einem reflex über das geländer
geklettert und habe ihn angebrüllt
ich springe nein gebrüllt habe ich
nicht meine stimme war plötzlich
so schwach wahrscheinlich wollte
er gar nichts von mir nur feuer
da war nichts perverses in seinem
blick ganz traurig trist hat er
geschaut tief melancholisch aus
seinen gelb unterlaufenen augen
musst du denn immer an mir
rumfingern kannst du nicht
einfach einmal nur zuhören
hättest mich ja begleiten können
was ist denn das für ein versöhnen
wenn du mich alleine gehen
lässt auf das kannst du schon

selbst kommen du bist immer
so unsensibel wenn es darauf
ankommt widersprich mir nicht
musst du soviel trinken ich
finde das abstossend wenn du
die bierflasche mit den zähnen
aufmachst du bist doch kein
bauarbeiter mir ist kalt ich
habe mich sicher erkältet in
dem parkhaus dieser schöne
tag dann diese kälte als wär
der himmel ein erfrischungstuch
in das er dich hüllt ich glaube
er dachte ich würde springen
ich wär eine selbstmörderin
die er retten muss aber warum
ist er mir dann gefolgt setzt
sich zu uns auf die bank wartet
bis wir uns versöhnt haben
haut dich um feuer an verfolgt
mich bis ins parkhaus braucht
der denn für jede zigarette
einen menschen er sagt er
würde immer zu dieser zeit
auf das parkdeck gehen ich
könnte ruhig vom geländer
steigen und nachhause fahren
wenn ich möchte er würde
mir nie etwas tun aber wenn
ich ihm etwas gesellschaft
leisten würde wär ihm das eine
freude ich konnte mich einfach
nicht bewegen wie paralysiert
das ist das ende er hat mir
eine zigarette angeboten mich
zum rauchen genötigt werden
meine finger jetzt auch gelb
ich habe mich mit kernseife
gebürstet du glaubst nicht wie
ich mich fühlte hast du dir auch
vorher die hände gewaschen ich
verstehe nicht warum du dich

immer erst danach duschst
nimmst all deine fremden
gerüche mit zu mir und
wäschst mich dann ab
bevor du gehst ist es nicht
viel schöner sich vorher
für den anderen ganz rein
zu machen pur und dann
danach wie eins zu riechen
du schleppst mich in dieses
billige hotel und stinkst nach
bahnhof willst mich gleich
auf der überdecke lieben
weißt du wie viele leute
hier schon gelegen haben
soll ich mit denen allen
schlafen ich möchte dass
dein geruch bei mir bleibt
wenn du in den zug steigst
dass er nicht verweht wie
dein gesicht auf dem fenster
das sich von mir entfernt
bis ich es nicht mehr sehen
kann nur deine nähe auf
meiner haut spüre ich
noch und dann schliesse ich
die augen und lass sie mir
vom fahrtwind abziehen
deine haut bleibe auf dem
gleis stehen während du
dich aus meinen armen
beschleunigst und ich
ohne ein gesicht durch die
stadt laufe eine duftprobe
auf wackeligen füssen
eingehüllt in dich bis die
abbgase unter meine
luftglocke schleichen und
mein trommelfell zerplatzt
immer wenn du mich alleine
lässt habe ich dieses summen
im ohr wie ein peilsender und

ich folge ihm laufe laufe denke
gleich finde ich dich nur um
die ecke du bist am nächsten
bahnhof ausgestiegen hast
ein taxi genommen dir im
zug noch mal die hände
gewaschen und klingelst
nun an einer anderen tür
und legst dich wie ein
parfüm auf eine andere
haut ich habe ihm das
alles erzählt

Roland Schimmelpfennig (Geboren 1967)
Vorher/Nachher

Uraufführung: 22. 11. 2002, Deutsches Schauspielhaus, Hamburg. Regie: Jürgen Gosch

45   Die rothaarige Frau
Szene: 20. Szene
Ort: Hotelzimmer

Roland Schimmelpfennig wirft pointiert schnell wechselnde Blicke in Hotelzimmer, Cafés, Restaurants, Unternehmen, Banken, öffentliche und private Orte in Städten, in denen sich Menschen passager aufhalten, Frauen und Männer, Alte und Junge, die kommen, gehen und wieder verschwinden. Es sind kurze Szenen, die wie Short Cuts im Film Einblicke gewähren in einen kurzen Zeitraum menschlichen Daseins, ein »Vorher« und »Nachher« des Erlebten. Die Handlungsstränge laufen nicht chronologisch ab, so wie auch die Szenen nicht kausal-logisch verbunden, sondern lediglich nummeriert sind und sich im Rückblick wie in einem Puzzle zum Ganzen eines surrealen Gefüges zusammensetzen. Die Diversität der Formen, Geschichten und Figuren spiegelt die unübersichtliche Komplexität unserer Welt und Gegenwart, die sich bis ins Phantastische, Groteske steigert. Der Autor schreibt zu seinem Stück: »*Vorher/Nachher* wirft Schlaglichter auf Menschen auf der Durchreise. Es sind Momentaufnahmen, fast wie Fotos, die sich dann zu einem Gesamtbild zusammensetzen. Eine Frau, kurz bevor sie ihren Mann betrügt, kurz danach und einige Momente später. [...] Es sind Momentaufnahmen zwischen Illusion und Desillusion.«

DIE ROTHAARIGE FRAU
Nach 45 Minuten ist alles vorbei, er liegt neben mir. Aber es war gut.
Ich betrete das Zimmer und bekämpfe den Drang, die hohen Schuhe auszuziehen. Ich stehe da und warte darauf, dass er den nächsten Schritt macht. Ich könnte den nächsten Schritt machen, ich hätte Lust, mich einfach auszuziehen und vögeln zu lassen, aber ich will wissen, wie er den nächsten Schritt macht. Ich will wissen, wie er es macht. Er hat inzwi-

schen rausgefunden, wie man die Tür von innen abschließt.
Dann zieht er mich wortlos an sich und küsst mich.
Er fährt mit den Händen unter meinen Top, er geht sofort an meine Brüste.
Warte.
Was ist?
Ich nehme noch einen Schluck von dem Champagner, den wir auf dem Weg hierher an der Tankstelle gekauft haben, gebe ihm die Flasche, nehme selbst noch einen Schluck, dann knutschen wir weiter, und dabei ziehen wir uns weiter gegenseitig aus. Ich habe noch nie mit einem Mann geschlafen, der so alt ist, Mitte Dreißig oder so, vielleicht hat er aber gelogen und ist schon vierzig. Er fühlt sich anders an als die anderen Jungs, mit denen ich was hatte. Er ist breiter, nicht so fest.
Er will mich wirklich haben, er will mich wirklich ficken, und ich denke die ganze Zeit, vielleicht, vielleicht kapiere ich ja irgendwann, warum manchen Leuten die Dinge so leicht fallen, warum die das Geld verdienen und warum die genau die Jobs haben, die sie immer haben wollten, und anderen gelingt das einfach nicht, die kommen da einfach nicht ran. Ich wollte immer mit so einem Mann schlafen, ich beobachte diese Typen, seitdem ich in dem Kosmetikstudio an der Ecke arbeite, – weißt du, in dem kleinen Studio an der Ecke, diese Männer in den leichten Anzügen, die sich mittags gegenüber ein Sandwich und einen Espresso bestellen.
Ich habe mich immer gefragt, was das für Männer sind, die haben so eine bestimmte Kraft, so ein Selbstbewusstsein, für die ist alles ganz einfach, oder so sieht es zumindest aus. Die sind ganz anders als die Typen, mit denen ich sonst zu tun habe, mit denen ich auf der Schule war. Die haben Probleme. Finden keine Jobs. [...] Die Typen in der Gegend vom Kosmetikstudio sind anders. Älter. Fahren gute Autos.
[...]
Du hast doch ein Auto?
Wieso?
Weil wir gelaufen sind.
Kurze Pause.
Doch, ich hab eins – warum interessiert dich das –
Pause.
Nur so. Ich hab doch gesagt, ich will mal zum Film.
[...]

Theresia Walser (Geboren 1967)
King Kongs Töchter

Schauspiel in 13 Szenen
Uraufführung: 26. 9. 1998, Theater am Neumarkt, Zürich. Regie: Volker Hesse

46 Meggie, eine Altenpflegerin
Szene: 3. Szene
Ort: Ein Altersheim

King Kongs Töchter sind drei Pflegerinnen in einem Altenheim. Ein Arbeitsplatz, wie er trostloser nicht sein könnte: eintönig, unappetitlich, desillusionierend, die Endstation aller Wünsche, nackte Realität ohne Glanz oder Verzauberung. Die Gespräche der Bewohner drehen sich um die immer gleichen Themen. Die Alten erscheinen als Karikaturen ihrer selbst. Dieser Alltag erfüllt die drei Pflegerinnen mit einer alle Möglichkeiten überschreitenden Gier nach Leben, Glamour, Sex und Einzigartigkeit. Deshalb ernennen sie sich selbst zu den »Chefdisponentinnen« des Todes und inszenieren das Sterben ihrer Schützlinge als Hollywood-Drama. »Omi, dich mach ich heut Nacht zur Wunderkerze, dich tisch ich noch mal ganz groß auf. Mal dir ne Unsterbliche ins Gesicht und heb dich auf den Hollywoodaltar, mit Lämpchen, blink an, blink aus.« Für ihre letzte Rolle werden die Alten als Mae West, Fred Astaire oder Bette Davis aufgedonnert und dann umgebracht – ein groteskes und bizarres Spiel, durch das der Tod als glanzvoller Mythos stilisiert wird, auf dass wenigstens diesen Moment ein Hauch von Unsterblichkeit und Größe umwehen möge. Denn »Sterben ist klein genug, da darf man ruhig übertreiben«, und selbst die absurdeste Inszenierung ist hier möglicherweise ehrlicher als die nackte Realität. Respektlos, etwas ruppig und mit sehr viel Engagement setzen King Kongs Töchter eine Illusion in Szene, um der Realität, die ihnen die Luft abdrückt, wieder Herr zu werden.
Der abgedruckte Monolog beschreibt die Motivation für den Serienmord, den Wunsch, aus dem eigenen Allerweltsberuf eine herausragende Berufung zu machen, sich über den Sumpf des Alltags zu überstrahlender Größe und Einzigartigkeit zu erheben.

MEGGIE
Das ist nicht mein Beruf, ich frag mich, ob das überhaupt ein Beruf ist. Schon lange frag ich mich, wann aus diesem Nebensachengewurschtel endlich die Hauptsache erscheint. Ich bin jetzt 32 und warte täglich, dass hier mal endlich mein Beruf auftaucht. Meine Cousinen, die bauen Flughäfen in der ganzen Welt, für die ist Europa ein alter Speiserest, die sind schon lang in Hong Kong, versteht ihr, da sind die spezialisiert, die bauen Flughäfen, da kommt alles durch, was grad noch einen Kopf hat, versteht ihr, die denken an jede Behinderung, Aufzüge für Blinde und so. Wenn die hier mal rüberfliegen, dann denken die, da unten hockt die Meggie und verpennt ihre eigene Entwicklung, weil ich noch nicht mal richtig spezialisiert bin, weil man hier richtig zerfleddert in diesem Haufen. Ich möchte spezialisiert sein, versteht ihr, durch und durch geschliffen, völlig einseitig, nutzlos, beschränkt, unbrauchbar für Tesafilm, unbrauchbar fürs Aufwischen, unbrauchbar fürs Nachfüllen von Seifenspendern, jenseits meiner Spezialisierung möchte ich eine Katastrophe sein, eine zerstreute Linkshändige, eine Gefahr fürs Alltägliche. Ich

möchte, dass man mir meinen Beruf ansieht, so wie man eine Spitzensportlerin am Hals erkennt, ich möchte, dass man vor mir stehen bleibt und sagt, Mensch, die Meggie, für 32 hat die aber ziemlich dunkle Augen, Sterbebegleitung, versteht ihr, Stewardess für die letzte Reise, so was schwebt mir vor, und dann die Wracks aufpolieren so gut es eben geht.

Gesine Danckwart (Geboren 1969)
Girlsnightout
Für drei Schauspielerinnen

Uraufführung: 1999 im Rahmen des Festivals Hope and Glory, Theater am Neumarkt, Zürich. Regie: Gesine Danckwart und Remsi Al Khalisi

47 Mädchen

Szene und Ort, an dem der Theatertext spielt, können in der Inszenierung frei gewählt werden. Vielleicht ist es eine Party oder eine Disco, wo sich die Mädchen / Frauen treffen. Der Theatertext besteht aus zwei Teilen: 1. *Wie die Mädchen* 2. *Wie die Frauen*. Die Texte sind nicht in feste Rollen unterteilt. Die Autorin schlägt lediglich vor: »Für drei Schauspielerinnen«. Ohne dass ein Drama, ein Konflikt, ein strenges Handlungsgeschehen sichtbar wird, ergeben sich doch Sinnzusammenhänge im Gefüge der Sprechpassagen. Gesine Danckwart schreibt dazu: »*Girlsnightout* entstand aus dem Wunsch, mit einer eigenen Sprache [...] eine Art von Sinn, Geschlossenheit herzustellen. Eine Partitur mit Verbindungen, ein Schnittmusterbogen voller Antworten, voller kleiner Geschichten, aus denen man Figuren schneidern kann. Figuren mit einer Geschichte, mit vielen sich widersprechenden, oder Figuren, die im Sprechen jeweils neu entstehen. Das Ich-Sagen als schauspielerische Arbeit. Ein Zustand des Stillstands, die eigene Lebenszeit läuft rasend erkennbar am Körper ab, der permanent beobachtet wird, ob er nicht Antworten geben könnte auf das – wie soll man Leben – vor dem Sterben. [...] Die richtige Party findet allerdings immer woanders statt. Sehnsucht. Ich hätte eine Utopie gewollt.« Die hier ausgewählten Sprechpassagen sind frei zusammengestellt aus dem 1. Teil: *Wie die Mädchen*

MÄDCHEN
Heute bin ich 17 Jahr und hab blondes Haar und bin ein Sehnsuchtsobjekt, aber das weiß ich natürlich nicht, darum habe ich diese entzückende Unbewusstheit der Jugend. Auch Dummheit kann ich mir gut leisten, weil es darauf noch nicht ankommt. Natürlich bin ich gar nicht so dumm, wie man gerne hätte, und durchschau alles ganz gut. [...]

Wir träumen in unseren rosa Zimmern von einem aufregenden Leben, während unsere zarten Mädchenhände ihre ersten Erkundigungen auf unschuldig weißer Babyhaut machen. [...]

Wir sitzen stundenlang vor der Eisdiele. Da fahren die Jungs herum in ihren Autos. Manchmal halten sie an und steigen aus. Dann wird ein bisschen geschnackt. Pickelgeigendummearschlöcher. Sie haben manchmal coole Namen, je hässlicher sie sind, desto cooler. In mich vergucken sich immer die, die nun wirklich unter aller Kanone, dafür aber intelligenter, damit sie auch etwas zu bieten haben. Ich bin immer schon etwas Besonderes gewesen. [...]

Ich bin ganz sicher, dass ich meine besonderen Qualitäten habe. Die werden aber erst die Männer merken, und verrückt werden sie nach mir sein. [...]

Der frische Atem eines jungen Mädchens am Morgen. Sich in den jungfräulichen Kissen räkeln, im weißen Baumwollhemdchen. Auf nackten Füßen ins Bad getrippelt und die kleinen Brüstchen waschen, die weißen Zähne putzen und das Haar geschüttelt. Da unten pietschert man nur. Eine Frau ohne Lilalu. Wie eine Puppe, so sauber, eine kleine Schmalspur in Hartplastik [...]

Einen Mann will ich nur haben, wenn ich ihn wirklich liebe. Nur um nicht allein zu sein, werde ich nicht zusammenbleiben. Wer nichts wagt, gewinnt nichts. Nachdenken kann ich später. Man muss die Latte hochsetzen. Und ich will einen Sinn im Leben haben. Dass irgendwas von mir auch übrigbleibt. Kompromisse werd ich früh genug schließen.

Also erst mal studieren. Aber was? Und wenn es doch das Falsche ist? Auf jeden Fall irgendetwas, was man wirklich will! An Geld und Sicherheit wird jetzt erst mal nicht gedacht. Das Leben ist zu kurz, um es mit Arbeit zu verderben. Und dann freut man sich auf den Abend und das Wochenende und die Ferien und die Rente. Nein, wir wollen uns erst mal auf das Leben freuen.

Händl Klaus (Geboren 1969)
Ich ersehne die Alpen
Uraufführung: 6.10.2001, Festival steirischer herbst, Graz

48 Olivia, eine Kranke
Ort: Ein Bett in einem Zimmer mit Blick auf die Alpen

Ich ersehne die Alpen ist der erste von zwei Monologen, die thematisch aufeinander bezogen und ineinander gespiegelt sind. Sie kreisen um Einsamkeit, um Sehnsucht, die auf ein lebloses Außen projiziert wird und deshalb unerfüllt bleiben muss.
   Olivias Monolog ist voller Ironie und Doppelbödigkeit. Er gleicht einem Fiebertraum, in dem alle Verhältnisse seltsam verschoben sind, der Bezug zur Realität verloren gegangen ist. Die Alpen werden zur erträumten Rettung. Sie haben alles, was Olivia schmerzlich vermisst. Ihre kühle Weite, ihre Freiheit und Größe sollen sie aus Enge, Hitze, Eintönigkeit und Ratlosigkeit befreien. In den Alpen personalisiert Olivia ihre tiefsten Sehnsüchte. Sie projiziert ihr Inneres nach außen, erwartet eine Antwort, die ausbleiben muss. Doch diese Tatsache kann Olivia nicht verstehen, darin besteht die absurde Tragik des Monologs. Deshalb versucht sie alles, um die Alpen doch noch zum Reden zu bringen, geht schließlich sogar so weit, deren Schweigen in unterschiedlichster Weise zu interpretieren, schwankt zwischen Hoffnung und Verzweiflung, Anklage und Versprechen. Auf einer tiefer liegenden Ebene geht es dabei jedoch nicht nur um die Vision eines Fiebertraums, sondern um das Motiv einer illusionären und unstillbaren menschlichen Sehnsucht.

OLIVIA
Ich ersehne die Alpen mit ihrer geräumigen Kälte, kein Wunder, ich bin am Ersticken in meinen Federn unterm Dach, das in der Sonne glüht [...]. Alpen, wo seid ihr, bitte meldet euch bei mir, ihr braven breiten Berge. [...] Ich will euch näher kennen lernen! So sieht meine Sehnsucht aus. Ich mache mich gleich aus dem Staub: Ich will hinauf, ich will zu euch, ich bin auf euch gespannt, ihr unbekannten Größen! Höhen, die mich senkrecht halten, da ich sie erklimmen soll! Mir sausen schon die Ohren, ich bin ganz aufgekratzt! Ich kann mir nicht helfen, es ist mir zu heiß, ich habe großen Durst in dieser Trockenheit. Ich muss euch unbedingt erreichen! Alpen, ich ersehne euch! [...] Seid mir nicht traurig, ihr einsamen Gipfel, ich bin in Gedanken bei euch! Ich hänge inständig wie Treibsand an euch! Ich kann euch nicht vergessen. Ich will euch aber nicht belasten. Habt ihr mich verstanden? Bin ich schon zu weit gegangen? Lasst es einmal krachen! Nichts da. Na? Was habt ihr denn? Ihr seid so still. Bin ich zu laut? Das fängt ja gut an. Seht mich an und klärt mich auf! Versteht ihr mich? Ihr wirkt so kühl. Das Gegenteil ist hier der Fall, ich schmelze zart dahin. Drum bin ich gleich bei euch! Mit meinen langen Armen, die schon lang am Ende sind wie ich an sich ja auch. Was hält mich hier? Doch ihr seid da. Das ist ein erster Schritt, macht mit! Ich sehne mich solang nach euch, ich bin verrückt nach euch! Das ist nicht leicht. [...] Wir wollen Freunde sein. Bloß keine falsche Scheu. Ihr rührt mich, wie

ihr vor mir liegt und schweigt, weil ihr erledigt seid, und ihr beruhigt mich! Ihr seid schon länger da und wisst, worum es geht, nicht wahr. [...] Ich kann mich doch auf euch verlassen? [...] Hier bin ich verloren. Hört ihr mich? Ihr sagt ja nichts. Was habt ihr nur? Ihr fehlt mir, ich kann mir nicht helfen. Ich will mich in die Schluchten stürzen auf die satten kühlen Matten mitten im Geröll! Dabei wirkt ihr verschlossen. Doch wir müssen offen sein, wir müssen miteinander reden! Ich bin an sich anschmiegsam; ich bin am Boden zerstört. Ich strenge mich zwar an, ich kann euch aber nicht erreichen. Lasst uns reden, hört mir zu. Es ist dringend! Liebe Alpen. Hört ihr mich, und könnt ihr mich verstehen? Leider weicht ihr aus. Oder schweigt tief bewegt. Ist es schon um mich geschehen? Ihr könnt es mir ja sagen. Hm? Das wäre schön. Wisst ihr was, ich kann nicht mehr. Ich bin sehr müde. Schaut mir ruhig in die Augen. Ich verschwinde. Ihr seid kühl. Ja. Seid kühl. Ich halte still. Also, überflutet mich. So wird das aber nichts. Es tut mir leid. Wo bleibt ihr denn? Meine Lieben. Was ist los? Ihr wandert ja so langsam, dass ihr nicht zu hören seid, oder steht einfach still. Ich bin auch noch hier. Wo seid ihr und was wird aus mir?

Falk Richter (Geboren 1969)
Electronic City

Uraufführung: 4. 10. 2003, Schauspielhaus Bochum. Regie: Matthias Hartmann.

49 Joy

Electronic City stellt die Dreharbeiten zu einem Film dar. Die »Helden« des Films sind Tom und Joy. Tom verkörpert den Prototyp des flexiblen Managers. Er ist auf einer endlosen Geschäftsreise unterwegs, auf der sich Business Lounges und Städte immer ähnlicher werden und er in der Anonymität internationaler Flughäfen und Hotelketten jede Bodenhaftung verliert. Joy stellt den Idealtyp einer Jobnomadin der Billiglohnklasse dar. Als Standby-Kraft einer Supermarktkette ist sie auf den Flughäfen dieser Welt zuhause.

Tom und Joy sind ein Paar, ohne gemeinsamen Wohnsitz. Wenn sie Glück haben, sehen sie sich für eine halbe Stunde auf einem Flughafen beim Zwischenstopp. Es ist eine Liebe zwischen An- und Abflügen, eine Flughafen-Romanze. Die Geschichte der beiden ist die Grundlage des Scripts für eine Fernsehserie, über deren Authentizität Joy interviewt wird. In dem raffiniert verschachtelten Theatertext über die Produktion einer Doku-Soap verschiebt sich für deren Darsteller die Grenze zwischen Wirklichkeit und Fake, und sie können nicht mehr unterscheiden zwischen ihrem Leben in der Realität und demjenigen in der Fiktion.

JOY

Ja, ich hatte ja auch studiert. Drei Semester, glaub ich jedenfalls, Wirtschaft, dann ging mir das Geld aus oder ich wollte mich mal in der Praxis umsehen oder so und nahm mir ein Jahr Auszeit und dann hatte ich in den ersten acht Wochen schon siebenundzwanzig unterschiedliche Jobs, immer so Standby-Sachen, weil ich es nirgendwo länger als drei Tage aushielt, ein sehr flexibler Lebensstil, ich bediente die Computericons in einer vollcomputerisierten Bäckerei oder fahndete nach Gepäckstücken, die sich verflogen hatten, ich zählte die Meilen für Qualiflykunden oder stornierte Reisebuchungen zu Südseeinseln nach terroristischen Anschlägen, ich sampelte Nachrichtensenderversprecher für Witzsendungen im Privatfernsehen oder arbeitete am Gagoverwriting für Vorabendserien, ich entwickelte Konzepte, wie sich Schauspieler, die beim Publikum durchgefallen waren, aus Daily Soaps herausschreiben ließen, und ich putzte die Videokabinen in der World-of-Sex-Kette hauptsächlich in den Beneluxländern und Polen, viel Telefonjobs: Telebanking, sogar Investmentfondsberatung, obwohl ich davon echt keine Ahnung hatte, aber wir hatten da so Zettel, wo drauf stand, was wir den Leuten als Anlage so anraten sollten, das lasen wir einfach vor, viel auf der Straße rumgestanden und Leute zu neuen Käsesorten befragt, wen würden Sie wählen?, an Wahlkampfkonzepten mitgearbeitet, bei Forsa und dem ganzen Scheiß, Pizza ausgefahren, Sushi geschnitten, den Bahnhof bewacht und von Junkies freigeräumt, Telefonsex und neue Mitglieder für die Polizeiakademie geworben, also irgendwann hatte ich echt wieder Sehnsucht nach der Uni.

Felicia Zeller (Geboren 1970)
Bier für Frauen
Uraufführung: 23. 9. 2001, Staatstheater Mainz, Schauspiel

50 Eine Frau

Szene: Letzte Szene: Nur noch Sprüche
Ort: Eine Kneipe

Bier für Frauen ergründet die Formen von Kommunikation, die im Laufe massiven Bierkonsums entstehen. Das Stück erzählt die Geschichten junger Frauen, wie sie von ihnen selbst im Suff erzählt werden. Es besteht aus 125 Passagen, deren letzter der abgedruckte Monolog entnommen ist. Keine dieser Passagen ist einer bestimmten Figur zugeordnet. Sie repräsentieren ein allgemeines Kneipengerede, verschiedene Zustände der Betrunkenheit und nicht bestimmte Charaktere. Die Gespräche kreisen typischerweise um Männer, Musik, Sex, Lebenspläne und Lebenskrisen, Rauchen, Bier oder die Stammkneipe. Sie sind gekennzeichnet durch Zusammenhangslosigkeit und häufige Missverständnisse. Das Stück folgt keinem logischen Handlungsfaden, kein Gedanke kann so recht bis zum Ende gebracht werden, das lässt das Bier nicht zu. Es wird geredet, um zu reden, die Information, die dabei vermittelt wird, ist meist nebensächlich, zumindest für das jeweilige Gegenüber: »Dieses Stück versucht, sich dem großen Egal anzunähern.« Die Frauen schwanken zwischen Albernheit und Schwermut, doch weder das eine noch das andere hat einen ernsthaften Grund. Sie klopfen Sprüche, reden sich in Rage, planen große Veränderungen und entwerfen umfassende Lebensphilosophien, verlieren dann aber den Faden und landen letztendlich doch wieder in der gleichen Kneipe, wo das Spiel von neuem beginnt. Hier sitzen sie herum, warten auf das große Ereignis und stellen schließlich fest, dass sie nie etwas Eigenes, Neuartiges und wirklich Wichtiges zu sagen imstande sind, weil sie immer nur zitieren bis zu dem bitteren Schluss, selbst nur auf die Bühne zitiert worden zu sein. Aber dieser Schluss hat nichts von vernichtender Selbsterkenntnis, auch er ist ein selbstironisches, betrunkenes und absurdes »Selberzitat«, ohne Folgen.

> EINE FRAU
> total vereinzelt, total angepasst, total
>
> ein einziges selberzitat
>
> ich bin auch so ein zitat. wer hat mich denn hier überhaupt herzitiert? was ist denn überhaupt los? […]
>
> [es] spricht einer, als hätte er gerade einen kurs besucht, oder er besucht einen kurs, um hinterher so zu sprechen, als hätte er gerade einen kurs besucht. ich hab doch, neulich hab ich doch dieses vorstellungsgespräch bei frau müller-pöschat
>
> ich möchte sie gerne mal näher kennenlernen.
>
> dann geh ich hin und sag hallo / und diese frau spricht genau so / als wär sie gerade aus einem kurs zurück. da hab ich mir gedacht, wer bin ich denn? und was will die denn von mir / was soll denn das, was machen wir überhaupt hier? / und zwar nicht nur im zimmer, sondern in der ganzen welt. so wird sich nie was ändern, wenn jetzt noch jeder lernt, wie sprechen funktioniert, und dann auch noch so spricht. viele wissen es ja schon. wie sie noch überzeugender auftreten können. sich noch überzeugender selbst verkaufen. kurs: wie verkaufe ich mich am besten. was koste ich eigentlich. warum bin ich so billig. was mache ich falsch. wie kann ich noch überzeugender irgendwas irgendwem. irgendjemand noch überzeugender von irgendwas überzeugen. was ist auch egal / und alle behaupten, das wäre normal. coatswitching. casting. catering. schon zu spät. man weiß bescheid. es geht alles kaputt. auf die dauer / nur noch trauer / heimgehen, weinen, schluss.

Lukas Bärfuss (Geboren 1971)
Der Bus (Das Zeug einer Heiligen)

Uraufführung: 29.1.2005, Thalia Theater, Hamburg. Regie: Stephan Kimmig

51 Erika

Szene: Zwei Szenen aus dem 3. und 4. Teil
Ort: Ein Bus. Eine Straße. Ein Wald

Erika, die Protagonistin des Stücks, begibt sich auf eine Pilgerreise nach Tschenstochau, zum berühmtesten Wallfahrtsort Polens, der ein Bildnis der Schwarzen Madonna bewahrt. Aber sie steigt in den falschen Bus, in den »ganz falschen«. Sie trifft auf eine Gruppe Reisender, die in einem unheimlichen, abgelegenen Kurhotel von ihren Schwären und Leiden genesen wollen. Hermann, der Busfahrer, der »wie der Teufel« fährt, beschuldigt Erika, als Schwarzfahrerin heimlich in den Bus gestiegen zu sein, um billig Stoff aus Polen zu besorgen. »Scheinheilig« sei sie. Nein, entgegnet sie. »Ich habe meinen Glauben.« »Bist du eine Heilige?«, fragt Hermann. »Nein«, protestiert sie. Sie hat in ihrer Kraft, würden wir vielleicht heute sagen, das »Zeug« zu einer Heiligen.

Der vom Autor in Klammern gesetzte Untertitel spielt auf Heideggers Begriff »Zeug« an, das im Gegensatz zum Objekt, zum Ding, nicht einfach i s t, nicht »vorhanden«, sondern »zuhanden« ist, sein Wesen im »Wozu« zeigt. »Je zugreifender es gebraucht wird«, schreibt Heidegger in *Sein und Zeit*, »um so unverhüllter begegnet es als das, was es ist, als Zeug.« Die Seinsart von Zeug zeigt sich immer in einem Tun in der Umwelt, in der Welt sich entfaltet. Dieses tätige Sein ist für ein Drama, das handelndes Geschehen ist, ein prägender Begriff. So ringt die Protagonistin ständig mit sich, beschimpft und beschwört die anderen in ihrem banalen Dasein, spricht Bannflüche aus, kämpft um ihren Glauben. Ihr Handeln ist Sprechen, durch das sie Hermann »bekehrt«, der sie zunächst umbringen wollte. Selbstverzichtend, sterbend schickt er Erika auf ihre Pilgerreise.

Das Drama von Lukas Bärfuss ist wie ein Stationendrama gebaut, an dessen Ende eigentlich die Erlösung steht. Aber zum Schluss sieht der Pilgerort aus wie ein Schrott- und Müllplatz, an dem falsche Reliquien verkauft werden. Erikas »Liebesgeschichte mit Gott« endet nicht im Himmel. Sie beißt nicht auf Gold, sondern auf »gewöhnliches Blech«. Religiosität in der Welt stößt sarkastisch auf ihren materiellen Grund. Die Stationenfahrt einer Heiligen endet erschreckend unheilig.

Hermann erscheint mit der gefesselten Erika. Sie hat ihren Schuh verloren.

ERIKA

Was glaubt ihr. Glaubt jemand, eure Gewalt beeindrucke mich. Ihr kennt Gottes Allmacht nicht. Halleluja. Er wird in die Reihen seiner Feinde fahren wie der Sturm, der in die Wälder fährt. […] Ihr seid nicht zu retten. […] Ihr habt keine Bedeutung. […] Ich kann euch nicht mehr sehen. Bringt mich endlich um. […] Ihr seid nicht zu retten. […] Niemand kann ein leckes Fass füllen. In euren Herzen klafft ein Loch, alles, was Mensch ist, verrinnt im Boden. […] Da hilft kein Wunder. Sie kriechen durchs Leben. Sie haben Kinder, einen Mann hatten Sie auch einmal, bestimmt haben Sie schon einmal jemanden verloren, haben geweint, Sie gehen gerne aus, Sie lieben Ihren Urlaub, schöne Städte, haben eine Neigung

für die Kunst, Geigenmusik, alles schön, alles richtig. Mensch sind Sie deswegen noch lange nicht. Sie schieben Ihr Leben vor sich her wie einen Kartoffelsack.
Du Elende, Schabe, du Eiterbeule, du Pustel, Scheißstück, ihr seid stinkende Esel, fauliger Kohl. Eine Schande, mich für euch zu vergeuden. Ihr seid so wenige, ich könnte Menschenmassen zu Gott führen. Verloren, ihr seid verloren, mit oder ohne mich. Euch will ich nicht retten, Menschen, nicht Scheusale, Männer, Frauen, mit einem Herzen.
[…]
Ich habe eine Liebesgeschichte mit Gott, aber ich will sie nicht, diese Liebesgeschichte. Manchmal sehne ich mich danach, dass mich jemand berührt, dass ich angefasst werde, von irgendwem, der einfach zupackt, weil er das will. Und ich möchte an die Sterblichkeit glauben. Dass ich verschwinde, dass nichts kommt, dass dieses Fleisch, das hier, einfach zu Staub zerfällt, und mit ihm, was ich bin, Erika, an einer Tankstelle, in der Nacht, bei Anton. Und das würde reichen, und es würde mich nicht kümmern, was kommen könnte, was ich alles sein werde, wie groß, wie erhaben, wie klein, oder wie groß. Aber so ist es nicht. Ich sehe mich immer klein, wenn ich groß bin, und jetzt gerade sehe ich mich groß, obwohl ich hier sitze, mitten in der Nacht, betrunken, ohne Gepäck, ohne Geld, und etwas zieht mich nach unten, das ist die Schwerkraft, und das andere, das zieht mich nach oben, das ist die Gnade.

Kathrin Röggla (Geboren 1971)
draußen tobt die dunkelziffer

Uraufführung: 8. 6. 2005, Volkstheater Wien/Wiener Festwochen.
Regie: Schorsch Kamerun

52

Szene: 55. Szene: gestörte impulskontrolle

Die Staatsverschuldung ist enorm, und auch beim »kleinen Mann« sieht es nicht viel anders aus: Privatinsolvenzen sind keine Seltenheit mehr, Schuldnerberatungen haben Hochkonjunktur. Kathrin Röggla hat recherchiert und aus Interviews mit Beratern und Betroffenen ein Stück arrangiert. Ein vernichtendes Bild unserer Konsumgesellschaft, in der es Figuren wie »automatenoma und -opa«, einen »weltmarktführer«, einen »regulierer«, drei »berater« und drei »angehörige« gibt. Das Stück »funktioniert wie ein außer rand und band geratener wunderwürfel«, die Szenen stehen in einem Zusammenhang, können aber auch neu zusammengesetzt werden. »genauso verhält es sich mit den figuren. sie sind nicht eindeutig zugeordnet, schlüpfen in rollen, verschwinden wieder aus ihnen oder verschwinden im spiel.« Benennung und Zählung der einzelnen Szenenbilder sind ein formales Prinzip, das die Entindividualisierung deutlich macht.

man sagt, ich bin die frau mit der gestörten impulskontrolle, ich bin die frau im permanenten kaufrausch. er beispielsweise schaut noch raus aus seinem autokauf, ich dagegen befinde mich darin, ich verschwinde regelrecht darin, wird gesagt. und ich sage euch: ich weiß das nicht so genau. ich weiß aber so vieles nicht. z. b. wer weiß, was sich heute alles in den schulen befindet? man sagt, es sind kinder darin. aber in wirklichkeit wird werbung gemacht. in wirklichkeit sind es markenprodukte, die miteinander konferieren. es sind handyklingeltöne, die prosperieren, es sind gegenrichtungen, aus denen der wind weht, einen einkassieren. also ich weiß das nicht, was sich heute alles in den schulen befindet, aber die polizei macht ja ihre mitteilungen, die polizei gibt ihre meldungen heraus: nichts als kriminalitätsherde befinden sich da drin. aber so genau weiß ich das natürlich nicht, ich gehe nur daran vorbei, ich gehe an diesen schulgebäuden vorbei und lasse mir, nachdem ich heute wieder erneut an diesen schulgebäuden vorbei gegangen bin, nicht sagen, daß ich krank bin. denn so superkrank bin ich nicht, nein, das kann mir niemand sagen. sehen sie sich mal die schulen an! da weht ein ganz anderer krankheitswind. und mehr noch: der weht aus diesen schulen heraus und findet uns bestimmt.

ja, ich bin die frau mit der gestörten impulskontrolle, und noch eines sei gesagt: die leute sollen nicht mehr lachen, wenn ich vor dem geldautomaten stehe. Die leute sollen nicht mehr lachen, wenn ich vor der bankangestellten in die knie gehe. ich bin nicht so schrecklich komisch, wenn ich mir die kontoauszüge ansehe. die leute sollen endlich ihre klappe halten. ich werde hier nicht recht vorgestellt. mich stellen sie nie recht vor. weil es ihnen peinlich ist. zuerst ist es ihnen peinlich und dann lachen sie doch nur.

Marius von Mayenburg (Geboren 1972)
Das kalte Kind
Uraufführung: 7.12.2002, schaubühne am lehniner platz, Berlin. Regie: Luk Perceval

53 **Lena**
Szene: 1. Teil

Marius von Mayenburg erzählt in *Das kalte Kind* voller schwarzem Humor von acht Lebensentwürfen und ihren skurrilen Folgen. In diesem Stück zwischen Albtraum und überzeichneter Wirklichkeit wird lächelnd missbraucht und umarmend verwundet. Es geht um die Lüge im Alltag und die Grausamkeit, mit der wir unsere Nächsten für unsere eigenen neurotischen Zwecke benutzen.

Die Personen sind fast alle um die dreißig und treffen sich in einem Szene-Café in der Großstadt. Ein merkwürdiges Paar mit stillem Kinderwagen, in dem ein Kind oder eine Puppe – das kalte Kind – liegt, wartet dort auf einen Freund: Johann. Die Langzeit-Studentin Lena flüchtet sich vor Vatis lebenspraktischen Vorschlägen auf die Toilette und trifft dort auf den Exhibitionisten Henning. Den hier abgedruckten Monolog spricht Lena in dem Moment, als ihr Johann als Retter auf der Damentoilette erscheint. Es ist allerdings unklar, ob sie an dieser Stelle von schlechten Erinnerungen geplagt wird oder sich aus Hennings Entblößung eine Vergewaltigungsszene zusammenphantasiert.

Das Atemberaubende sind die Bedeutungssprünge, die dem Leser zugemutet werden, nie weiß man, an welchem Ort der Handlung man sich gerade genau befindet, und in rasender Fahrt geht es zwischen Monolog und Dialog hin und her. In der Gleichgültigkeit, mit der die Figuren sich bloßstellen, zeigt sich eine abgründige Groteskerie.

LENA

Es ist Nacht. Aus dem Wald hab ich mich an den Rand der Autobahn gerettet. Ich bin nackt, mein Kleid ist zerrissen und liegt irgendwo etwas entfernt von der zerfetzten Unterhose zwischen den Bäumen auf den Tannennadeln im Wald. Der Mensch, der mich vergewaltigen will, ist hinter mir her, die Scheinwerfer von den Autos blenden mich, ich renne auf die Fahrbahn, versuche, ein Auto anzuhalten, der Mensch hinter mir schreit, ich soll stehen bleiben, er greift mir in die Haare, ich reiße den Kopf nach vorne, mit einem brutalen Geräusch lösen sich die Haare aus meiner Kopfhaut, ich renne, die Autos fahren an mir vorbei, ich bin eine grüne Ampel, denke ich, sehe in hohle Gesichter, Menschen, die sich fürchten vor meinem nackten Körper, dabei bin ich die, die Angst hat, der Mond hat über die breite Klinge geblitzt hinten im Wald, das ist ein Schälmesser, hat er nah bei meinem Ohr gekeucht und sich verschluckt beim Lachen, ich stürze, meine Knie knirschen in den Asphalt, die Autos weichen im Bogen aus, ich höre ihn wieder hinter mir und weiß, dass ich es nicht schaffen werde. Ein Schwarm mit schwarzen Vögeln lässt sich mit grellem Schrei aus dem Himmel fallen und macht einen Riss, die dunkle Edelstahlkarosserie schimmert, und der schwere Wagen bremst. Aus den Wildledersitzen fange ich den Blick von einem Mann, seine

Haare sind geföhnt, denke ich, als er hinter mir auf den Seitenstreifen fährt.
[…]
Mit einem ungeheuren Hieb zerbricht er dem Verfolger das Gesicht und schlägt ihn über die Leitplanke, dass er bewusstlos liegen bleibt. Ich hänge mit meinem blutigen Körper an seinem Anzug aus festem Stoff, seine Finger berühren vorsichtig meine Schultern und meine Haare, die Scheinwerfer ziehen vorbei und beleuchten uns, und seine Finger zittern leicht. Das war unsere Hochzeit. Ich hatte keine Wahl. Auf seinem Rücksitz bin ich zusammengebrochen. Später hab ich ihn gesehen durch meine Wimpern, wie er das Auto lenkt, die eine Hand am Lenkrad, die andere auf seinem nackten Oberschenkel, das Hemd hängt auf seiner Unterhose, und ein Stück Gesicht ist im Rückspiegel, Lichtstreifen von den entgegenkommenden Autos ziehen drüber hin. Ich liege hinten in den weichen Polstern, nackt in seinem Anzug, in der Nase den Geruch von Wildleder und teurem Herrenduft, und meine Zehen spielen mit der Fensterkurbel.

Anja Hilling (Geboren 1975)
Mein junges idiotisches Herz
Uraufführung: 3. 3. 2005, Theaterhaus Jena. Regie: Markus Heinzelmann

54   Frau Schlüter
Szene: 1. Szene
Ort: Wohnung in einem mehrstöckigen Haus

Ein mehrstöckiges Mietshaus irgendwo in Deutschland. Hier wohnen Menschen: gemeinsam, aber doch irgendwie alle einsam und jeder für sich. Unter ihnen Karin Schlüter – sie wartet auf Miroslav, den Fruchtsaft-Lieferanten. Er soll es sein, der letzte Gedanke, bevor sie sich im roten Abendkleid und mit rougeroten Wangen mit einem abgeschnittenen Telefonkabel tragisch das Leben nimmt.
    Es klingelt an der Tür, Karin Schlüter öffnet. Es ist der Postbote mit einem Paket in der Hand. Er will es abgeben für Herrn Sandmann aus dem dritten Stock. Sie nimmt es an.
    Ihre Vorbereitungen, Gedanken an Miroslav und die Begegnung mit dem Postboten schildert Karin Schlüter im folgenden Monolog – es ist nur der Beginn einer Reihe von Ereignissen, die ihrem Plan des Abschiednehmens vom Leben »dazwischen« kommen. Ihre Perspektive springt von Vergangenheit zu Gegenwart und zurück.
    Anja Hillings Stück befindet sich zwischen Alltag, Selbstironie und schrägen Charakteren. Das ist für den Zuschauer traurig und komisch zugleich – ein modernes Wechselspiel zwischen Tragödie und Komödie unserer Zeit bietet sich zur Darstellung an.

    FRAU SCHLÜTER
Das Ganze war bitter genug.

Die Sache mit den Leuten in der Wohnung.
Raus hier alle raus.
Soviel Leute heute.
Wo sonst keiner kommt.
Ich wartete auf den Fruchtsaftlieferanten,
Und der war echt spät dran.
Ich war schon ziemlich.
Na ja.
Mein kleiner Snack nach dem Telefonat.
Miroslav.
Sind Sie's.
Schlüter ja genau vierter Stock ohne Lift.
Kommen Sie um drei.
Sie.
Miroslav.
Ganz allein heut im Laden gut gut Sie Armer.
Multi Apfel Grapefruit.
Wie immer.
Bitter.
Karin Schlüter das Zeug ist bitter.
Ja ja ja.
Bröslig bitter bestens.
Feierabend.
Keine Adjektive mehr.
Adjektive sind was für Lebenskauer.
Ham ham Frau Schlüter.
Ich bin ein Kotzer
Wie konnte das passieren mit dem Kotzen Mann
Mann Mann.

Das Brötchen war im Zeitplan.
Viertel nach zwölf.
Um drei und zwar pünktlich bin ich eine tragische
Frau.
Vor lauter Kummer hab ich Idealgewicht.
Dünn wie Brot ganz super.
Das mit dem Rouge hab ich noch überlegt.
Rote Backen. Das sieht scheiß gesund aus und so heiter.
Aber das ist es die Heiterkeit.
Keiner soll sagen.
Karin Schlüter.
So eine blasse Tote gewesen.

Also Rouge.
Ich war in voller Montur letzte Rüstung auch das Kleid.
Das Telefon.
Das war gefährlich das Telefon.
Nicht dass ich auf die Idee käme. Jemanden.
Irgendjemand.
Nein.
Schnipp Schnapp die Schnur ist ab.
Die Klingel.
Und zwar um eins.
Hier klingelt's nicht.
Also auch nicht um eins.
Dreiviertel nach Todesbrötchen.
So ne Sozialkontakt Stimmung.
Ich mach die auf die Tür.
Scheiß auf Gewohnheiten.
Der Postbote.
Was machen Sie hier es ist eins.
Feierabend.
Der Postbote übergibt ihr ein Paket für den Nachbarn Herrn Sandmann
[…]
Hör mal Weihnachtsmann.
Schwing dich von der Schwelle.
Ich muss hier gleich den absolut attraktiven Todeskampf hinlegen.
Pünktlich um drei.
Der Sandmann wird da in ne ziemlich düstere Sache reingezogen.
Mit dem Paket.
Was hat der Sandmann mit der schönen Toten aus dem Vierten zu tun.
Sagen Sie mal.
Gefällt Ihnen mein Kleid.
Kennen Sie Miroslav
Den Fruchtsaftlieferanten.
Das hab ich nicht gesagt.
Das alles.
Leider.
Ich hab das genommen das Paket.
Und sogar gelächelt.
Mensch Schlüter.
[…]
Und dachte an Miroslav.
Ob der mal Urlaub hat.

Von seinen Säften.
Urlaub.
Mit Miroslav.
[...]

Ann-Christin Focke (Geboren 1983)
Himmel sehen

Uraufführung: 27. 4. 2006, Bayerisches Staatsschauspiel, Marstall, München.
Regie: Steffi Baier

55 **Anna**
Szene: 1. Szene

Schwabenkinder, das waren Tiroler Kinder, die im Allgäu und im Schwabenland im Frühjahr und Sommer bei Bauern oder bei Herrschaften arbeiteten. Ihre Eltern mussten sie so nicht ernähren und sie trugen zum Einkommen der Familie bei. Drei Kategorien gäbe es, so erklärt die dreizehnjährige Anna auf dem Weg über die Alpen ihrer Gefährtin Charlotte: Saubauern, normale Bauern und Herrschaften. Für dieses Mal hat sie sich vorgenommen, den Sprung an die Spitze der Hierarchie zu schaffen.

Und sie wird es schaffen, sie wird als Dienstmädchen bei einer Baronin dienen, die Schikanen ihrer Arbeitgeberin ertragen, dem sadistischen Drill unterstehen. Unterdrückung, Macht über den anderen – das ist das zentrale Motiv des Stückes. Doch Hierarchien wandeln sich: So wird die Baronin letztlich den Befehlen Annas gehorchen; sie selbst hatte als Dienstmädchen beim Baron gearbeitet und wurde zu dessen Hure. Charlotte, die bei einem Saubauern dienen wird, wird den Spieß nochmals umzudrehen wissen: »Es gibt Herrschaften, normale Bauern, Saubauern und Huren. Herrschaften, normale Bauern, Saubauern und Huren. Und Hurendienstmädchen. Hurendienstmädchen.«

Den folgenden Monolog spricht Anna auf dem Weg ins Schwabenland, während Charlotte voll Sehnsucht das Meer und seine Unendlichkeit imaginiert. Beide Mädchen konkurrieren hier miteinander.

ANNA
Die Saubauern bezahlen 30 Mark für dich. Man bekommt wenig zu essen und häufig Prügel.
Als Ausstattung ein einfaches Leinenkleid. Die anderen Dorfbewohner malen ihnen einen weißen Strich auf den Rücken, damit man sie gleich erkennt.
Und es gibt die normalen Bauern. Man muss Kühe hüten oder bei der Ernte helfen. Zwischen 35 und 40 Mark, plus 5 Mark Haftung, und als Ausstattung zwei Kleider, Jacke und Schuhe.
Und es gibt die Herrschaften. Sie suchen Dienstmädchen. Die sind 50 Mark wert, plus 7 Mark Haftung.
Ich bin jetzt 13, habe viel Erfahrung und werde dieses Jahr Dienstmäd-

chen werden. Vielleicht kriegen sie für mich sogar 55 Mark. Sagt der Herr Pfarrer. Wegen meiner schönen langen Haare.
Die Saubauern. Zahlen 30 Mark. Wenig essen, viel Prügel, ein einfaches Leinenkleid.
Die normalen Bauern. Kühe hüten, bei der Ernte helfen. Zwischen 35 und 40 Mark, 5 Mark Haftung. Zwei Kleider, Jacke und Schuhe.
Und die Herrschaften. Suchen Dienstmädchen. 50 Mark, 7 Mark Haftung. Weiße Schürze. Mit Initialen. Spitze am Kragen. Man muss die Haare hochstecken. Und ein Kleid, das um die Hüfte enger ist.
Saubauern. 30 Mark. Wenig essen, Prügel, Leinenkleid.
Bauern. Kühe, Ernte. 35 bis 40, 5 Haftung. Zwei Kleider, Jacke, Schuhe.
Herrschaften. Dienstmädchen. 50, 7 Haftung. Schürze, Spitze, Haare hoch, Kleid, um die Hüften enger. Herrschaften. Dienstmädchen. 50, 7 Haftung. Schürze, Spitze, Haare hoch, Kleid, um die Hüften enger. Herrschaften. Dienstmädchen ... *immer kräftiger*

Weitere Rollenvorschläge:

Autor	Titel	Rolle	Textstelle	Bemerkung
Aischylos	Prometheus gefesselt	**Io**	Von »Welches Land …?« bis »Erklär es der umherirrenden Jungfrau.« In: Aischylos: Prometheus gefesselt. Übertragen von Peter Handke. Frankfurt am Main: Suhrkamp 1986, S. 37 ff.	Prometheus streichen
Bärfuss, Lukas	Der Bus (Das Zeug einer Heiligen)	**Pilgerin**	5. Akt. Von »Ich mag euch Mohammedaner nicht« bis »Dann geht es deiner Hand gleich besser.« In: Lukas Bärfuss: Meienbergs Tod. Die sexuellen Neurosen unserer Eltern. Der Bus. Stücke. Göttingen: Wallstein Verlag 2005. S. 215f. [auch: Theater heute 3/05, S. 57]	
Beckett, Samuel	Nicht ich	**Mund**	Von »… raus … in diese Welt … diese Welt …« bis »… nichts außer den Lerchen … es da wieder auf –« In: Samuel Beckett: Werkausgabe in zehn Bänden. Werke I-1: Dramatische Werke. Theaterstücke. Frankfurt am Main: Suhrkamp 1976, S. 237-247	Innerhalb des Monologs kürzen
Bernhard, Thomas	Der Ignorant und der Wahnsinnige	**Königin der Nacht**	Von »Ein Telegramm« bis »keine Koloratur nichts.« In: Thomas Bernhard: Gesammelte Werke. Frankfurt am Main: Suhrkamp 1988, Bd. I, S. 147f.	Doktor streichen
Claudel, Paul	Mittagswende. Erste Fassung	**Ysé**	1. Akt. Von »Sie dürfen mich nicht lieben« bis »Sagen Sie, dass Sie mich nicht lieben werden. Ysé, ich werde Sie nicht lieben.« In: Paul Claudel: Gesammelte Werke Band II. Dramen. Erster Teil. Deutsch von Edwin Maria Landau. Heidelberg: Kerle Verlag. Einsiedeln, Zürich, Köln: Benziger Verlag 1959, S. 503	
Euripides	Iphigenie bei den Taurern	**Iphigenie**	Prolog, V. 27-66. Von »In Aulis ward ich auf den Brandaltar« bis »Ich geh/ in mein Gemach und Heiligtum zurück.« In: Euripides: Tragödien. Übersetzt von Hans von Arnim. Mit einer Einführung und Erläuterungen von Bernd Zimmermann. Bibliothek der Antike. Herausgegeben von Manfred Fuhrmann. München: DTV, Artemis Verlag 1990, S. 349f.	
Euripides	Helena	**Helena**	1. Kommos, V. 254–305. Von »Was, liebe Frau ist meines Schicksals Grund« bis »Mir ist der Schönheit Ruhm zum Fluch	

Autor	Titel	Rolle	Textstelle	Bemerkung
			geworden.« In: Euripides: Tragödien. Übersetzt von Hans von Arnim. Mit einer Einführung und Erläuterungen von Bernhard Zimmermann. Bibliothek der Antike. Hrsg. von Manfred Fuhrmann. München: DTV, Artemis Verlag 1990, S. 302f.	
Fosse, Jon	Mädchen auf dem Sofa	**Die Frau**	Von »Ich male ein Bild von einem Mädchen auf einem Sofa« bis »Ich kann nicht gut genug malen Ich kann nicht malen.« In: Unveröffentlichtes Manuskript. Rowohlt Theater Verlag, Reinbek bei Hamburg, S. 50 ff.	Mädchen streichen
García Lorca, Federico	Yerma	**Yerma**	3. Akt, 2. Bild. Von »Schweig, schweig, das ist es nicht!« bis »Ich habe mein Kind ermordet.« In: Federico García Lorca: Yerma. Tragische Dichtung in drei Akten und sechs Bildern. In: Ders: Bluthochzeit. Yerma. Deutsch von Enrique Beck. Frankfurt am Main: Suhrkamp 1997, S. 122ff.	Die Alte und Juan streichen
García Lorca, Federico	Yerma	**Zweites Mädchen**	1. Akt, 2. Bild. Von »Was ihr euch ereifert« bis »Aber ich bin nicht verrückt.« In: Federico García Lorca. Yerma. Tragische Dichtung in drei Akten und sechs Bildern. In: Ders: Bluthochzeit. Yerma. Deutsch von Enrique Beck. Frankfurt am Main: Suhrkamp 1997, S. 89	Yerma streichen
Goethe, Johann Wolfgang von	Faust. Der Tragödie zweiter Teil	**Helena**	3. Akt, V. 8457-8515. Von »Bewundert viel und viel gescholten Helena« bis »Von dem die Sage wachsend sich zum Märchen spann.« In: Goethes Werke. Hamburger Ausgabe in 14 Bänden. Textkritisch durchgesehen und mit Anmerkungen versehen von Erich Trunz. Hamburg: Christian Wegener 1948ff., Bd. 3, S. 257f. [auch: RUB 2]	
Goethe, Johann Wolfgang von	Faust. Der Tragödie zweiter Teil	**Helena**	3. Akt, V. 8647-8696. Von »Der Tochter Zeus' geziemet nicht gemeine Furcht« bis »Phöbus hinweg in Höhlen oder bändigt sie.« In: Goethes Werke. Hamburger Ausgabe in 14 Bänden. Textkritisch durchgesehen und mit Anmerkungen versehen von Erich Trunz. Hamburg: Christian Wegener 1948ff., Bd. 3, S. 261 ff. [auch: RUB 2]	Chor streichen

Weitere Rollenvorschläge

Autor	Titel	Rolle	Textstelle	Bemerkung
Goethe, Johann Wolfgang von	Faust. Der Tragödie zweiter Teil	**Phorkyas**	3. Akt, V. 8754-8783. Von »Alt ist das Wort, doch bleibet hoch und wahr der Sinn« bis »Erobert – marktgekauft – vertauschte Ware du!« In: Goethes Werke. Hamburger Ausgabe in 14 Bänden. Textkritisch durchgesehen und mit Anmerkungen versehen von Erich Trunz. Hamburg: Christian Wegener 1948ff., Bd. 3, S. 264ff. [auch: RUB 2]	
Goethe, Johann Wolfgang von	Torquato Tasso	**Leonore Sanvitale, Gräfin von Scandiano**	3. Aufzug, 3. Auftritt. Von »Wie jammert mich das edle schöne Herz« bis »Wir wollen sehn, ob wir ihn zähmen können.« In: Goethes Werke. Hamburger Ausgabe in 14 Bänden. Textkritisch durchgesehen und mit Anmerkungen versehen von Erich Trunz. Hamburg: Christian Wegener 1948ff.; Bd. 5, S. 125ff. [auch: RUB 88]	ggf. einstreichen
Grillparzer, Franz	Des Meeres und der Liebe Wellen	**Hero**	3. Aufzug, V. 1003-1059. Von »Ich merke wohl, der Vorfall in dem Hain« bis »Ich riefe grüßend: Gute Nacht!« In: Franz Grillparzer: Sämtliche Werke. Ausgewählte Briefe, Gespräche, Berichte. Herausgegeben von Peter Frank und Karl Pörnbacher. München: Hanser 1960–1965, Bd. 2, S. 45ff. [auch: RUB 4384]	
Grillparzer, Franz	Sappho	**Sappho**	3. Auftritt, 1. Aufzug, V. 811-857. Von »Es ist umsonst! Weit schwärmen die Gedanken« bis »Die dich umschlingt. Wach auf!« In: Franz Grillparzer: Sämtliche Werke. Ausgewählte Briefe, Gespräche, Berichte. Herausgegeben von Peter Frank und Karl Pörnbacher. München: Hanser 1960–1965, Bd. 1, S. 744ff. [auch: RUB 4378]	
Hebbel, Friedrich	Judith	**Judith**	3. Akt. Von »Gott, Gott! Mir ist, als müßt ich dich am Zipfel fassen« bis »aber schütze mich, daß ich nichts Gutes von ihm sehe!« In: Friedrich Hebbel: Werke. Herausgegeben von Gerhard Fricke, Werner Keller und Karl Pörnbacher. Bd. 1–5. München: Hanser 1963, Bd. 1, S. 27ff. [auch: RUB 3161]	
Hilling, Anja	Mein junges idiotisches Herz	**Paula Lachmär**	4. Szene. Von »Wenn mir heute jemand gesagt hätte« bis »Hinter mir das Gulasch.« In: Theater heute 4/05, S. 60f.	Innerhalb des Monologes kürzen

Weitere Rollenvorschläge

Autor	Titel	Rolle	Textstelle	Bemerkung
Hilling, Anja	Mein junges idiotisches Herz	**Paula Lachmär**	4. Szene. Von »Der Walkman war meine Rettung.« bis »Ich kann das nicht ertragen.« In: Theater heute 4/05, S. 61	Ludger Hase streichen
Hilling, Anja	Monsun	**Coco**	7. Szene. Von »Gut. Er ist tot. Damit musst du klarkommen« bis »Da wächst was in mir, das spür ich«. In: Theater heute 02/06, S. 48	
Hofmannsthal, Hugo von	Der weiße Fächer	**Miranda**	Von »Feucht war sein Grab und schrie mit stummem Mund« bis »Unser Denken/ Geht so im Kreis, und das macht uns sehr hilflos.« In: Hugo von Hofmannsthal: Lyrische Dramen. Herausgegeben von Andreaas Thomasberger. Stuttgart: Reclam 2000, S. 147ff. (RUB 18038)	Katalina streichen
Jelinek, Elfriede	Krankheit oder moderne Frauen	**Eine Märtyrerin**	2. Akt, 5. Szene. Von »*Die Märtyrerin erscheint in eine Wolke gehüllt:* Ich habe viele Namen« bis »Wer ersetzt mir den von mir verursachten Schaden?« In: Elfriede Jelinek: Krankheit oder moderne Frauen. Herausgegeben von Regine Friedrich. Köln: Prometh Verlag 1987, S. 66f.	
Jelinek, Elfriede	Der Tod und das Mädchen IV (Jackie)	**(Jackie)**	Von »Man muß alles mit Prunk und Pomp versehen« bis »außer man steht sich selbst im Weg.« In: Elfriede Jelinek: Der Tod und das Mädchen I-V. Prinzessinnendramen. Berliner Taschenbuch Verlag 2003, S. 67 f.	
Kleist, Heinrich von	Penthesilea	**Penthesilea**	5. Szene, V. 682-720. Von »Denk ich bloß mich, sind's meine Wünsche bloß« bis »Verflucht das Herz, das sich nicht mäß'gen kann.« In: Heinrich von Kleist: Werke und Briefe in vier Bänden. Herausgegeben von Siegfried Streller in Zusammenarbeit mit Peter Goldammer und Wolfgang Barthel, Anita Golz, Rudolf Loch. Berlin und Weimar: Aufbau 1978, Bd. 2, S. 30ff. [auch: RUB 1305]	
Kleist, Heinrich von	Amphitryon	**Alkmene**	2. Aufzug, 4. Szene, V. 1122-1234. Von »Wie soll ich Worte finden, meine Charis« bis »Das Zeichen, das hier steht, von ihm empfing?« In: Heinrich von Kleist: Werke und Briefe in vier Bänden. Herausgegeben von Siegfried Streller in Zusammenarbeit mit Peter Goldammer und Wolfgang Barthel,	Charis streichen

Weitere Rollenvorschläge

Autor	Titel	Rolle	Textstelle	Bemerkung
			Anita Golz, Rudolf Loch. Berlin und Weimar: Aufbau 1978, Bd. 1, S. 364ff. [auch: RUB 7416]	
Martin, Jane	Hören Sie mal	**Schauspielerin**	VORSPRECHEN. Von: »He. Hallo Huhu. Schon gut.« bis »Beobachten Sie mich genau. Meine beiden Hände sitzen fest an meinen Armen ...« In: Jane Martin: Hören Sie mal. Deutsch von Nina Adler. Unveröffentlichtes Manuskript. Frankfurt am Main: Fischer, Theater & Medien 1983, S. 69 ff.	Innerhalb des Monologes kürzen
Martin, Jane	Criminal Hearts	**ATA**	1. Akt, 1. Szene. Von »Es geht mir gut, Mrs. Carnahan« bis »Wirklich nicht. Wirklich nicht.« In: Jane Martin: Criminal Hearts. Deutsch von Ursula Grützmacher-Tabori. Unveröffentlichtes Manuskript. Frankfurt am Main: Fischer, Theater & Medien 1995, S. 31 f.	
Schiller, Friedrich	Demetrius	**Marfa**	2. Aufzug, 1. Szene. Von »Ich hab um ihn getrauert sechzehn Jahr« bis »Wie eine Heerschar send ich dirs entgegen.« In: Friedrich Schiller: Demetrius. [Reichstagsfassung, am besten zugänglich in RUB 8558]	Hiob streichen
Schimmelpfennig, Roland	Vorher/Nachher	**Die sich ständig verändernde Frau**	14. Szene. Von »Ich nehme ständig eine andere Form an« bis »Vor mir steht eine etwa ein Meter zweiundsiebzig große Frau mit dunkelbraunen Haaren.« In: Theater Theater. Aktuelle Stücke 12. Frankfurt am Main: Fischer 2002, S. 376 ff.	Innerhalb des Monologes kürzen
Sorokin, Vladimir	Dostojevskij Trip	**Frau 2**	Von »Er hat schon vor dem Krieg damit angefangen« bis »dass ich taube Ohren bekam.« In: Vladimir Sorokin: Dostojevskij Trip. Krautsuppe, tiefgefroren. Aus dem Russischen von Barbara Lehmann. Frankfurt am Main: Verlag der Autoren 2001, S. 51 f.	
Sorokin, Vladimir	Hochzeitsreise	**Maša**	3. Akt. Von: »An meinem Institut hat ein Pärchen« bis »Komm, Günther, scherz mit mir im Guten.« In: Vladimir Sorokin: Pelmeni. Hochzeitsreise. Aus dem Russischen von Barbara Lehmann. Frankfurt am Main: Verlag der Autoren 1997, S. 83f.	Günthers Satz: »Na, ddieser Horst ist einfach ein Ddummkopf.« wird ohne Stottern auch von Maša gesprochen.

Quellenverzeichnis

Aischylos: Die Orestie. Herausgegeben von Bernd Seidensticker. Übersetzt von Peter Stein. München: Verlag C.H. Beck 1997 (ISBN 3-406-42721-9), V. 1114 – 1299

Bärfuss, Lukas: Meienbergs Tod. Die sexuellen Neurosen unserer Eltern. Der Bus. Stücke. Göttingen: Wallstein Verlag 2005, S. 129 – 217; S. 186 f. und S. 204. Ebenso in: Theater heute 3/05, S. 44 – 57; S. 53 und S. 55. Copyright © Wallstein Verlag, Göttingen 2005

Bauersima, Igor/Desvignes, Réjane: Boulevard Sevastopol. Programmheft Akademietheater Wien, S. 5 – 58; S. 7 ff. Unveröffentlichtes Manuskript: S. Fischer, Theater & Medien, Frankfurt am Main 2006. Der Abdruck erfolgt mit freundlicher Genehmigung der S. Fischer Verlag GmbH, Frankfurt am Main. Aufführungsrechte: S. Fischer Verlag GmbH, Frankfurt am Main, Theater & Medien, Ulrike Betz, Telefon: 069/6062 – 273, Fax: 069/6062 – 355, e-mail: ulrike.betz@fischer-verlage.de

Beckett, Samuel: Glückliche Tage. Aus dem Englischen von Erika und Elmar Tophoven. In: Ders.: Theaterstücke. Herausgegeben von Elmar Tophoven und Klaus Birkenhauer. Frankfurt am Main: Suhrkamp 1995, S. 167 – 207; S. 187 ff. Der Abdruck erfolgt mit freundlicher Genehmigung des Suhrkamp Verlags.

Bernhard, Thomas: Ein Fest für Boris. In: Ders.: Gesammelte Stücke in 4 Bänden. Bd. 1. Frankfurt am Main: Suhrkamp 1988. S. 7 – 77; S. 11 ff.

Brecht, Bertolt: Die Dreigroschenoper. In: Ders.: Ausgewählte Werke in sechs Bänden. Frankfurt a. Main: Suhrkamp 1997. Bd. 1: Stücke 1, S. 191 – 284; S. 209 ff. Der Abdruck erfolgt mit freundlicher Genehmigung des Suhrkamp Verlags.

Calderón de la Barca, Don Pedro: Das Leben ein Traum. Übersetzt von Johann Diederich Gries. In: Ders.: Dramen. München: Winkler 1963, S. 137 – 253; S. 239 f.

Corneille, Pierre: Rodogune. Princesse des Parthes. Tragödie. (Ausschnitt). Deutsche Übersetzung von Christian Ruzicska und Albert Lang. Unveröffentlichtes Manuskript. Reinbek bei Hamburg: Rowohlt 2001, S. 35 f. Copyright © 2001 by Rowohlt Theater Verlag, Reinbek bei Hamburg

Danckwart, Gesine: Girlsnightout. In: Theater Theater. Aktuelle Stücke 10. Herausgegeben von Uwe B. Carstensen und Stefanie von Lieven. Frankfurt am Main: Fischer 2000, S. 105 – 132; S. 107 ff. Der Abdruck erfolgt mit freundlicher Genehmigung der S. Fischer Verlag GmbH, Frankfurt am Main. Aufführungsrechte: S. Fischer Verlag GmbH, Frankfurt am Main, Theater & Medien, Ulrike Betz, Telefon: 069/6062-273, Fax: 069/6062-355, e-mail: ulrike.betz@fischerverlage.de

Durringer, Xavier: Ganze Tage – ganze Nächte. Aus dem Französischen von Ina Schott. In: Renate Schäfer (Hrsg.): Scène I. Neue Theaterstücke aus Frankreich. Frankfurt am Main: Verlag der Autoren 1999, S. 21 – 87; S. 33 und S. 75 f. Der Abdruck erfolgt mit freundlicher Genehmigung der Felix Bloch Erben GmbH & Co. KG.

Euripides: Alkestis. Griechisch / Deutsch. Übersetzt und herausgegeben von Kurt Steinmann. Stuttgart: Reclam 2002, V. 252 – 325 (RUB 1337)

Focke, Ann-Christin: Himmel sehen. Unveröffentlichtes Manuskript. Theaterstückverlag Korn-Wimmer, München: 2006 (www.theaterstueckverlag.de)

Fosse, Jon: Lila / Purple. Aus dem Norwegischen von Hinrich Schmidt-Henkel. Unveröffentlichtes Manuskript. Rowohlt Theater Verlag, Reinbek: Ohne Angabe zum Herausgabejahr, S. 3 – 5. Copyright © 2004 by Jon Fosse and Det Norske Samlaget. Veröffentlicht mit freundlicher Genehmigung der Rowohlt Verlag GmbH, Reinbek bei Hamburg.

Goethe, Johann Wolfgang von: Faust. Der Tragödie erster Teil. In: Ders.: Goethes Werke. Hamburger Ausgabe in 14 Bänden. Textkritisch durchgesehen und mit Anmerkungen versehen von Erich Trunz. Hamburg: Christian Wegener 1948 ff. Bd. 3, S. 9 – 144; S. 114 ff.

Goethe, Johann Wolfgang von: Iphigenie auf Tauris. In: Ders.: Goethes Werke. Hamburger Ausgabe in 14 Bänden. Textkritisch durchgesehen und mit Anmerkungen versehen von Erich Trunz. Hamburg: Christian Wegener 1948 ff. Bd. 5, S. 6 – 67; S. 7 ff.

Handke, Peter: Untertagblues. Ein Stationendrama. Frankfurt am Main: Suhrkamp 2003, S. 73 ff. Der Abdruck erfolgt mit freundlicher Genehmigung des Suhrkamp Verlags.

Händl Klaus: Ich ersehne die Alpen; So entstehen die Seen. In: Ders.: Stücke. Graz/Wien: Literaturverlag Droschl 2006; S. 9–20; S. 9–12

Hebbel, Friedrich: Die Nibelungen. Kriemhilds Rache. In: Ders.: Werke. Herausgegeben von Gerhard Fricke, Werner Keller und Karl Pörnbacher, Bd. 1–5. München: Hanser 1963. Bd. 2, S. 217–319; S. 233 ff.

Heym, Georg: Atalanta oder die Angst. In: Ders.: Dichtungen und Schriften. Herausgegeben von Karl Ludwig Schneider. Hamburg/München: Heinrich Ellermann 1962. Bd. 2: Prosa und Dramen, S. 365–407; S. 383

Hilling, Anja: Mein junges idiotisches Herz. In: Theater heute 4/05, S. 54–65; S. 54 f. und S. 61. © Felix Bloch Erben GmbH & Co. KG

Hofmannsthal, Hugo von: Der Tor und der Tod. In: Ders.: Lyrische Dramen. Herausgegeben von Andreas Thomasberger. Stuttgart: Reclam 2000, S. 57–76; S. 71 f. (RUB 18038)

Jelinek, Elfriede: Bambiland. In: Dies.: Bambiland. Babel. Zwei Theatertexte. Mit einem Vorwort von Christoph Schlingensief und einem Essay von Bärbel Lücke. Reinbek bei Hamburg: Rowohlt 2004, S. 13–84; S. 27–31. Copyright © by Rowohlt Verlag GmbH, Reinbek bei Hamburg

Jelinek, Elfriede: Der Tod und das Mädchen IV (Jackie). In: Der Tod und das Mädchen I-V. Prinzessinnendramen. Berliner Taschenbuch Verlag, 2003, S. 63–100; S. 76 ff. und S. 67 f.

Jelinek, Elfriede: Malina. Ein Filmdrehbuch von Elfriede Jelinek. Nach dem Roman von Ingeborg Bachmann. Mit Mathieu Carrière als Malina und Isabelle Huppert. In einem Film von Werner Schroeter. Frankfurt am Main: Suhrkamp 1991, S. 132–134

Kane, Sarah: 4.48 Psychose. Deutsch von Durs Grünbein. In: Dies.: Sämtliche Stücke. Herausgegeben von Corinna Brocher und Nils Tabert. Reinbek bei Hamburg: Rowohlt Theaterverlag, zweite Auflage 2002, S. 211–252; S. 238 ff.

Kelly, Dennis: Schutt (Debris). Deutsch von Johannes Schrettle. In: Theater Theater. Aktuelle Stücke 14. Herausgegeben von Uwe B. Carstensen und Stephanie von Lieven. Frankfurt am Main: Fischer 2004. S. 287–319; S. 304 ff. Copyright © 2004 by Dennis Kelly. All rights whatsoever in this Play are strictly reserved and application for performance in the German language shall be made to S. FISCHER VERLAG GmbH. Application for any other use whatsoever shall be made to CASAROTTO RAMSAY & ASSOCIATES LTD., 60 Wardour Street, London W1V 4ND England prior to such use.

Klabund: Der Kreidekreis. Wien: Phaidon-Verlag o. J., S. 77 f.

Kleist, Heinrich von: Der zerbrochne Krug. In: Ders.: Werke und Briefe in vier Bänden. Herausgegeben von Siegfried Streller in Zusammenarbeit mit Peter Goldammer und Wolfgang Barthel, Anita Golz, Rudolf Loch. Berlin und Weimar: Aufbau 1978. Bd. 1, S. 233–307; S. 260 ff.

Kleist, Heinrich von: Penthesilea. In: Ders.: Werke und Briefe in vier Bänden. Herausgegeben von Siegfried Streller in Zusammenarbeit mit Peter Goldammer und Wolfgang Barthel, Anita Golz, Rudolf Loch. Berlin und Weimar: Aufbau 1978. Bd. 2, S. 6–120; S. 35 ff.

Koltès, Bernard-Marie: Sallinger. Deutsch von Corinna Frey und Simon Werle. Frankfurt am Main: Verlag der Autoren 1995, S. 94 ff.

Lagarce, Jean-Luc: Ich war in meinem Haus und wartete, dass der Regen kommt. Aus dem Französischen von Jarg Pataki. In: Renate Schäfer (Hrsg.): Scène I. Neue Theaterstücke aus Frankreich. Frankfurt am Main: Verlag der Autoren 1999, S. 253–301; S. 257 f.

Lessing, Gotthold Ephraim: Emilia Galotti. In: Ders.: Werke. Herausgegeben von Herbert G. Göpfert in Zusammenarbeit mit Karl Eibl, Helmut Göbel, Karl S. Guthke, Gerd Hillen, Albert von Schirmding und Jörg Schönert. Bd. 1–8, München: Hanser. 1970 ff. Bd. 2, S. 127–204; S. 180 ff.

Lessing, Gotthold Ephraim: Miss Sara Sampson. In: Ders.: Werke. Herausgegeben von Herbert G. Göpfert in Zusammenarbeit mit Karl Eibl, Helmut Göbel, Karl S. Guthke, Gerd Hillen, Albert von Schirmding und Jörg Schönert. Bd. 1–8, München: Hanser. 1970 ff. Bd. 2, S. 9–100; S. 30 ff.

Mayenburg, Marius von: Das kalte Kind. Unveröffentlichtes Manuskript. henschel SCHAUSPIEL Theaterverlag, Berlin 2001, S. 18–19. Ebenso in: Theater heute 1/03, S. 52–59; S. 54

Molière, Jean-Baptiste: Die Schule der Frauen. Komödie in 5 Akten. Im Versmaß des Originals übertragen von Rudolf A. Schröder. In: Rudolf A. Schröder. Gesammelte Werke. Frankfurt am Main: Suhrkamp 1958. Bd. 6, S. 375–467; S. 404 f.

Quellenverzeichnis 133

Ostermaier, Albert: Es ist Zeit. Abriss. In: Ders.: Erreger. Es ist Zeit. Abriss. Frankfurt a. M.: Suhrkamp 2002. S. 47 – 96; S. 63 ff. Der Abdruck erfolgt mit freundlicher Genehmigung des Suhrkamp Verlags.

Pirandello, Luigi: Heute abend wird aus dem Stegreif gespielt. Übersetzt von Georg Richert. In: Ders: Werkausgabe. Herausgegeben von Michael Rössner. Mindelheim: Sachon 1988. Bd. 8: Die Trilogie des Theaters auf dem Theater. S.183 – 271; S. 259 ff. Alle Rechte für die deutschsprachigen Länder bei der Gustav Kiepenheuer Bühnenvertriebs GmbH, Berlin, © 1953,Gustav Kiepenheuer.

Pollesch, René: www-slums. Herausgegeben von Corinna Brocher. Reinbek bei Hamburg: Rowohlt 2003, S. 214 – 240; S. 238 f.

Racine, Jean: Phädra. Tragödie in 5 Akten. In: Ders.: Phädra. Andromache. Zwei Tragödien. Aus dem Französischen von Simon Werle. Frankfurt am Main: Verlag der Autoren. Zweite veränderte Auflage 1988, S. 7 – 71; S. 55 f.

Raimund, Ferdinand: Der Alpenkönig und der Menschenfeind. In: Ders.: Gesammelte Werke. Herausgegeben von Otto Rommel. Gütersloh: Sigbert Mohn 1962, S. 347 – 428; S. 387 f.

Richter, Falk: Electronic City. In: Uwe B. Carstensen und Stefanie von Lieven (Hrsg.): Theater. Theater. Stücke 13. Frankfurt am Main: Fischer 2003, S. 329 – 363; S. 353 f. Der Abdruck erfolgt mit freundlicher Genehmigung der S. Fischer Verlag GmbH, Frankfurt am Main. Aufführungsrechte: S. Fischer Verlag GmbH, Frankfurt am Main, Theater & Medien, Ulrike Betz, Telefon: 069/6062-273, Fax: 069/6062-355, e-mail: ulrike.betz@fischerverlage.de

Rilke, Rainer Maria: Die weiße Fürstin. In: Ders.: Sämtliche Werke. Herausgegeben vom Rilke Archiv, in Verbindung mit Ruth Sieber-Rilke besorgt durch Ernst Zinn. Frankfurt am Main: Insel Verlag 1961. Bd. 1, S. 202 – 230; S. 223 ff.

Röggla, Kathrin: draußen tobt die dunkelziffer. In: Theater heute 07/05, S. 44 – 57; S. 55. Der Abdruck erfolgt mit freundlicher Genehmigung der S. Fischer Verlag GmbH, Frankfurt am Main. Aufführungsrechte: S. Fischer Verlag GmbH, Frankfurt am Main, Theater & Medien, Ulrike Betz, Telefon: 069/6062-273, Fax: 069/6062-355, e-mail: ulrike.betz@fischerverlage.de

Schiller, Friedich: Kabale und Liebe. In: Ders.: Sämtliche Werke. Auf Grund der Originaldrucke herausgegeben von Gerhard Fricke und Herbert G. Göpfert in Verbindung mit Herbert Stubenrauch. Bd. 1 – 5, 3. Auflage, München: Hanser 1962. Bd. 1, S. 755 – 858; S. 827 ff.

Schiller, Friedrich: Die Jungfrau von Orleans. In: Ders.: Sämtliche Werke. Auf Grund der Originaldrucke herausgegeben von Gerhard Fricke und Herbert G. Göpfert in Verbindung mit Herbert Stubenrauch. Bd. 1 – 5, 3. Auflage, München: Hanser 1962. Bd. 2, S. 687 – 811; S. 701 ff.

Schimmelpfennig, Roland: Vorher / Nachher. In: Theater Theater. Aktuelle Stücke 12. Herausgegeben von Uwe B. Carstensen und Stefanie von Lieven. Frankfurt am Main: Fischer 2002, S. 365 – 425; S.384 f. Der Abdruck erfolgt mit freundlicher Genehmigung der S. Fischer Verlag GmbH, Frankfurt am Main. Aufführungsrechte: S. Fischer Verlag GmbH, Frankfurt am Main, Theater & Medien, Ulrike Betz, Telefon: 069/6062-273, Fax: 069/6062-355, e-mail: ulrike.betz@fischerverlage.de

Schwab, Werner: Die Präsidentinnen. In: Ders.: Fäkaliendramen. Graz/Wien: Literaturverlag Droschl 1996, S. 11 – 58; S. 39 ff.

Shakespeare, William: König Richard III. Zweisprachige Ausgabe. Mit einem Essay von Tobias Döring. Übersetzt von Frank Günther. München: dtv 2001, S. 23 ff. © der Übersetzung: Hartmann & Stauffacher GmbH, Verlag für Bühne, Film, Funk und Fernsehen, Köln. Aufführungsrechte für Bühne, Film, Funk und Fernsehen, auch für Laienaufführungen, sowie Aufzeichnungen auf Bild- und Tonträger nur mit schriftlicher Genehmigung durch den Hartmann & Stauffacher Verlag, Bismarckstr. 36, 50672 Köln, Tel. (02 21) 48 53 86, (02 21) 51 54 02

Shakespeare, William: Romeo und Julia. Zweisprachige Ausgabe. Mit einem Essay von Kurt Tetzeli von Rosador. Übersetzt von Frank Günther. München: dtv 1995, S. 37 ff. © der Übersetzung: Hartmann & Stauffacher GmbH, Verlag für Bühne, Film, Funk und Fernsehen, Köln. Aufführungsrechte für Bühne, Film, Funk und Fernsehen, auch für Laienaufführungen, sowie Aufzeichnungen auf Bild- und Tonträger nur mit schriftlicher Genehmigung durch den Hartmann & Stauffacher Verlag, Bismarckstr. 36, 50672 Köln, Tel. (02 21) 48 53 86, (02 21) 51 54 02

Shakespeare, William: Macbeth. Zweisprachige Ausgabe. Mit einem Essay von Ulrich Suerbaum. Übersetzt von Frank Günther. München: dtv 1995, S. 35 ff. © der Übersetzung: Hartmann & Stauffacher GmbH, Verlag für Bühne, Film, Funk und Fernsehen, Köln. Aufführungsrechte für Bühne, Film, Funk und Fernsehen, auch für Laienaufführungen, sowie Aufzeichnungen auf Bild- und Tonträger nur mit schriftlicher Genehmigung durch den Hartmann & Stauffacher Verlag, Bismarckstr. 36, 50672 Köln, Tel. (02 21) 48 53 86, (02 21) 51 54 02

Sophokles: Antigone. Übersetzt von Friedrich Hölderlin. In: Friedrich Hölderlin: Sämtliche Werke und Briefe in zwei Bänden. München: Hanser 1970. Bd. 2, S. 397–450; S. 430 ff.

Sorokin, Vladimir: Hochzeitsreise. Aus dem Russischen von Barbara Lehmann. In: Ders.: Pelmeni, Hochzeitsreise. Frankfurt am Main: Verlag der Autoren 1997, S. 55–122; S. 58 f.

Strauß, Botho: Die eine und die andere. Stück in zwei Akten. München – Wien: Carl Hanser Verlag 2005, S. 49 ff.

Walker, George F.: Suburban Motel. Problemkind. Aus dem Englischen von Frank Heibert. O. O.: Pegasus, 2002 © der Übersetzung sowie Aufführungsrechte: Pegasus GmbH Theater- und Medienverlag, Berlin. Originalrechteinhaber: Talonbooks (www.talonbooks.com)

Walser, Theresia: King Kongs Töchter. Schauspiel in 13 Szenen. Frankfurt am Main: Verlag der Autoren 1999, S. 37 f. Ebenso in Theater heute 11/98, S. 80–89; S. 84

Walsh, Enda: The New Electric Ballroom. Übersetzt von Peter Torberg. In: Uwe B. Carstensen und Stefanie von Lieven (Hrsg.): Theater Theater. Aktuelle Stücke 15. Frankfurt am Main: Fischer 2005, S. 531–558; S. 544 f. Ebenso in Theater heute 8/9/04, S. 72–81; S. 75 f.

Wedekind, Frank: Die Büchse der Pandora. In: Ders.: Lulu. Stuttgart: Philipp Reclam jun. 1989, S. 93–179, S. 175 f. (RUB 8567)

Williams, Tennessee: Endstation Sehnsucht. A Streetcar Named Desire. Neu übersetzt von Helmar Harald Fischer. Textbuch zur Premiere am schauspielfrankfurt am 15. 1. 2004, S. 68 f., A Streetcar Named Desire ©© 1947, 1974 The University of the South, Endstation Sehnsucht © 1954 S. Fischer Verlag, © der Neuübersetzung 2003 bei JUSSENHOVEN & FISCHER

Winter, Mona: Ich, eine von dir. Unveröffentlichtes Manuskript. S. Fischer, Theater & Medien, Frankfurt am Main: 2001. Der Abdruck erfolgt mit freundlicher Genehmigung der S. Fischer Verlag GmbH, Frankfurt am Main. Aufführungsrechte: S. Fischer Verlag GmbH, Frankfurt am Main, Theater & Medien, Ulrike Betz, Telefon: 069/6062-273, Fax: 069/6062-355, e-mail: ulrike.betz@fischerverlage.de

Zeller, Felicia: Bier für Frauen. Unveröffentlichtes Manuskript. henschel SCHAUSPIEL Theaterverlag, Berlin: 2005, S. 123 ff.

Aufführungsrechte: Siehe: www.theatertexte.de

Inhaltsverzeichnis nach Autoren

Autor	Stück	Rolle	Seite
Aischylos	Die Orestie	Kassandra	16
Bärfuss, Lukas	Der Bus (Das Zeug einer Heiligen)	Erika	117
Bauersima, I. / Desvignes, R.	Boulevard Sevastopol	Anna	103
Beckett, Samuel	Glückliche Tage	Winnie	67
Bernhard, Thomas	Ein Fest für Boris	Die Gute	87
Brecht, Bertolt	Die Dreigroschenoper	Polly	65
Calderón de la Barca, Don Pedro	Das Leben ein Traum	Rosaura	28
Corneille, Pierre	Rodogune	Rodogune	30
Danckwart, Gesine	Girlsnightout	Mädchen	111
Durringer, Xavier	Ganze Tage – ganze Nächte	Sylvie	77
Euripides	Alkestis	Alkestis	20
Focke, Ann-Christin	Himmel sehen	Anna	124
Fosse, Jon	Lila / Purple	Das Mädchen	83
Goethe, Johann Wolfgang von	Faust. Der Tragödie erster Teil	Gretchen	42
Goethe, Johann Wolfgang von	Iphigenie auf Tauris	Iphigenie	40
Handke, Peter	Untertagblues	Eine wilde Frau	88
Händl Klaus	Ich ersehne die Alpen	Olivia	113
Hebbel, Friedrich	Die Nibelungen	Kriemhild	51
Heym, Georg	Atalanta oder die Angst	Atalanta	59
Hilling, Anja	Mein junges idiotisches Herz	Frau Schlüter	121
Hofmannsthal, Hugo von	Der Tor und der Tod	Das junge Mädchen	56
Jelinek, Elfriede	Bambiland		96
Jelinek, Elfriede	Der Tod und das Mädchen IV (Jackie)	Jackie	94
Jelinek, E. / Bachmann, I.	Malina	Die Frau	93

Inhaltsverzeichnis nach Autoren

Autor	Stück	Rolle	Seite
Kane, Sarah	4.48 Psychose		69
Kelly, Dennis	Schutt	Michelle	72
Klabund	Der Kreidekreis	Haitang	61
Kleist, Heinrich von	Der zerbrochne Krug	Frau Marthe	47
Kleist, Heinrich von	Penthesilea	Penthesilea	49
Koltès, Bernard-Marie	Sallinger	Anna	74
Lagarce, Jean-Luc	Ich war in meinem Haus und wartete, dass der Regen kommt.	Die Ältere	78
Lessing, Gotthold Ephraim	Miss Sara Sampson	Marwood	37
Lessing, Gotthold Ephraim	Emilia Galotti	Gräfin Orsina	38
Mayenburg, Marius von	Das kalte Kind	Lena	120
Molière, Jean-Baptiste	Die Schule der Frauen	Agnès	34
Ostermaier, Albert	Es ist Zeit. Abriss	Dor	105
Pirandello, Luigi	Heute abend wird aus dem Stegreif gespielt	Mommina	62
Pollesch, René	www-slums	Caroline / Ostern Weihnachten	102
Racine, Jean	Phädra	Phädra	33
Raimund, Ferdinand	Der Alpenkönig und der Menschenfeind	Lischen	53
Richter, Falk	Electronic City	Joy	114
Rilke, Rainer Maria	Die weiße Fürstin	Die weiße Fürstin	54
Röggla, Kathrin	draußen tobt die dunkelziffer		118
Schiller, Friedrich	Die Jungfrau von Orleans	Johanna d'Arc	45
Schiller, Friedrich	Kabale und Liebe	Luise Millerin	43
Schimmelpfennig, Roland	Vorher/Nachher	Die rothaarige Frau	108
Schwab, Werner	Die Präsidentinnen	Mariedl	100
Shakespeare, William	König Richard III.	Lady Anna	22

Inhaltsverzeichnis nach Autoren

Autor	Stück	Rolle	Seite
Shakespeare, William	Romeo und Julia	Amme der Julia	25
Shakespeare, William	Macbeth	Lady Macbeth	27
Sophokles	Antigone	Antigone	18
Sorokin, Vladimir	Hochzeitsreise	Maša Rubinstein	86
Strauß, Botho	Die eine und die andere	Elaine	91
Walker, George F.	Suburban Motel	Denise	81
Walser, Theresia	King Kongs Töchter	Meggie	110
Walsh, Enda	The New Electric Ballroom	Clara	70
Wedekind, Frank	Die Büchse der Pandora	Gräfin Geschwitz	58
Williams, Tennessee	Endstation Sehnsucht	Blanche	80
Winter, Mona	Ich, eine von dir	Luluise/Marie	98
Zeller, Felicia	Bier für Frauen	Eine Frau	115

Über die Herausgeberin

Anke Roeder
Dramaturgin und Theaterwissenschaftlerin. Professorin für Dramaturgie an der Ludwig-Maximilians-Universität und der Bayerischen Theaterakademie.

Veröffentlichungen: *Die Gebärde im Drama des Mittelalters*, München: C. H. Beck 1974, *Autorinnen. Herausforderungen an das Theater*, Frankfurt am Main: Suhrkamp 1989 (st 1673); gemeinsam mit Sven Ricklefs: *Junge Regisseure*, Frankfurt am Main: Fischer 1994 (Regie im Theater); gemeinsam mit C. Bernd Sucher: *Radikal jung, Regisseure*, Berlin: Theater der Zeit 2005 (Recherchen 25). Beiträge und Essays in Fachzeitschriften und Büchern über zeitgenössische Autorinnen und Autoren und über neue Theaterästhetiken.

Außerdem lieferbar:

Sabine Bayerl / Georg Kehren
55 Monologe der Liebe, Lust und Leidenschaft
Zum Vorsprechen, Studieren und Kennenlernen
160 Seiten
ISBN 978-3-89487-641-8

Die Liebe ist ein seltsames Spiel, sie kommt und geht, sie macht unfassbar glücklich oder zu Tode betrübt, sie versetzt Berge oder vernichtet, sie darf nicht sein oder wird nicht erwidert. »55 Monologe der Liebe, Lust und Leidenschaft« aus der erfolgreichen Reihe versammelt Monologe von Verliebten aus den wichtigsten Werken der Dramenliteratur, von der Antike bis zur Gegenwart, für Männer wie für Frauen. Einleitende Kommentare zu den Textauszügen bieten eine erste Orientierung zu Stück, Szene und Rolle. Ein umfangreiches Verzeichnis mit weiteren Rollenvorschlägen gibt zusätzliche Anregungen. Mit Texten von u. a.: Lope de Vega, Heinrich von Kleist, Lord Byron, Georg Büchner, Frank Wedekind, Max Frisch, Tennessee Williams, Heiner Müller, Sergi Belbel, Elfriede Jelinek.

Außerdem lieferbar:

Eva Spambalg / Uwe Berend
101 moderne Monologe
Zum Vorsprechen, Studieren und Kennenlernen
288 Seiten
ISBN 978-3-89487-518-3

Dieses Buch umfasst 101 Monologe der Theatermoderne – von 1900 bis zur unmittelbaren Gegenwart. Dabei tauchen ebenso die wichtigen und bekannten Texte auf wie Passagen aus weniger geläufigen Stücken. Einleitende Kommentare erleichtern eine rasche Auswahl, vermitteln anschaulich das Verständnis für die jeweilige Situation und eröffnen einen Zugang zur Rolle. Damit ist »101 moderne Monologe« ein unentbehrliches Handbuch für angehende Schauspieler und alle, die sich mit dem Interpretieren von modernen Theatertexten beschäftigen wollen. Darüber hinaus dient es hervorragend der Vorbereitung von Aufnahmeprüfungen und Vorsprechen. Mit Texten von u. a.: Maxim Gorki, Jean Cocteau, Elias Canetti, Kurt Tucholsky, Jean-Paul Sartre, Jean Anouilh, Harold Pinter, Thomas Brasch, David Mamet, Sarah Kane, Dea Loher, Roland Schimmelpfennig, Urs Widmer.

Außerdem lieferbar:

Eva Spambalg / Uwe Berend
101 Monologe
Zum Vorsprechen, Studieren und Kennenlernen
272 Seiten
ISBN 978-3-89487-445-2

Ob griechische Tragödie, Shakespeares Theater oder Dramen des Jugendstils – von der Antike bis zum Anfang des zwanzigsten Jahrhunderts reicht der Bogen, den dieses Buch in ausgesuchten Texten schlägt. Neben den wichtigsten oder meistgespielten Monologen des klassischen Repertoires findet sich auch weniger Bekanntes. Einleitende Kommentare erleichtern eine rasche Auswahl, vermitteln anschaulich das Verständnis für die jeweilige Situation und eröffnen einen Zugang zur Rolle. All dies macht »101 Monologe« zum unentbehrlichen Handbuch für angehende Schauspieler und alle, die sich mit dem Spielen von Theatertexten beschäftigen wollen. Mit Texten von u. a.: Tirso de Molina, Molière, Carlo Goldoni, Jakob Michael Reinhold Lenz, Nikolai Gogol, Anton Tschechow, Arthur Schnitzler, Frank Wedekind.

Außerdem lieferbar:

Gerhard Ebert
ABC des Schauspielens
Talent erkennen und entwickeln
160 Seiten
ISBN 978-3-89487-474-2

Dieser kompakte, gut nachvollziehbare Leitfaden beschreibt eine in der Ausbildungs- und Theaterpraxis bewährte Methode des Schauspielens, basierend auf dem Wesen des schauspielerischen Schöpfungsakts. Praktisches Handbuch für Schauspieler und solche, die es werden wollen. Zahlreiche Übungen und schauspielerische Vorgaben. Ausblick in die Praxis (Rollenwahl, erste Engagements), Exkurs zum Film.

Außerdem lieferbar:

Ulrike Boldt
Traumberuf Schauspieler
Der Wegweiser zum Erfolg
208 Seiten, 24 s/w Abbildungen
ISBN 978-3-89487-535-0

Der unentbehrliche Ratgeber für alle, die Schauspieler werden oder ihre Branchenkenntnisse noch vertiefen möchten. Die wichtigsten Infos zu: Anforderungen, erste Schritte, Schauspielschulen, Aufnahmeprüfung, Ausbildung, Bewerbungen, Arbeitsbereiche, Agenturen, Vorsprechen, Casting, Karriereplanung, Marketing und Finanzen. Mit einem detaillierten Verzeichnis aller Schauspielschulen, Theater, Casting Directors, Schauspielagenten etc.